Isolde Heyne, 1931 in Aussig (heute Tschechische Republik) geboren, lebte bis zu ihrer Übersiedlung in die Bundesrepublik 1979 in Leipzig, studierte dort am Literaturinstitut und arbeitete als freischaffende Autorin. Inzwischen hat sie eine Reihe erfolgreicher Kinder- und Jugendbücher veröffentlicht. 1985 wurde sie mit dem Deutschen Jugendliteraturpreis ausgezeichnet. Sie lebt in Limburg an der Lahn.

Isolde Heyne

Funny Fanny

oder

Die Angst vorm Schwarzen Mann

rororo

Rowohlt

rororo rotfuchs
Herausgegeben von Ute Blaich und Renate Boldt

31.–36. Tausend März 1994

Veröffentlicht im Rowohlt Taschenbuch Verlag GmbH,
Reinbek bei Hamburg, November 1989

Umschlagfoto Michael Seifert
rotfuchs-comic Jan P. Schniebel

Gesamtherstellung Clausen & Bosse, Leck
Printed in Germany
790-ISBN 3 499 20499 1

Funny Fanny

1

Ich kann hexen! dachte Fanny. Meine Gedanken können jemanden zwingen, zu mir zu kommen.

Sie war so begeistert vom Ergebnis ihrer halbstündigen Wunschgedanken, daß sie sich gleich noch einmal an die Arbeit machte. Nun war es ja auch viel einfacher. Ulrich saß keine zehn Meter von ihr entfernt am Bekkenrand und ließ die Beine ins Wasser baumeln. Vorher, das war Schwerstarbeit gewesen. Da mußte sie ihn von zu Hause ins Schwimmbad kriegen. Das hier würde ein Klacks sein: Setz dich zu mir auf die Wiese!

Fanny konzentrierte ihre Gedanken auf den Befehl. Setz dich zu mir, Ulrich!

Irgendwo hatte sie einmal gelesen, solche Gedanken müsse man kurz und präzise formulieren. Also noch mal: Komm her, Ulrich!

Aber der tat genau das Gegenteil. Er hechtete vom Beckenrand ins Wasser und tauchte erst auf der gegenüberliegenden Seite wieder auf. So ein Mist! schimpfte Fanny. Da war was schiefgegangen mit ihren telepathischen Befehlen. Sie wollte es aber nicht noch einmal auf einen Versuch ankommen lassen. Es war besser, sie nahm das nun real in Angriff. Wenig später war sie im Wasser.

„Hallo!" sagte sie, als sie neben Ulrich war. „Ich dachte gar nicht, dich hier zu treffen..."

„Ich gehe jeden Nachmittag schwimmen", antwortete er. „Hast du das nicht gewußt?"

Nein, das hatte Fanny nicht gewußt. Sonst hätte sie ja nicht das schwierige Experiment mit der Telepathie gebraucht. Aber darüber nachzudenken war jetzt keine Zeit. So oder so, sie war am Ziel ihrer Wünsche. Ulrich war bei ihr.

Einmal mit Ulrich allein zu sein, hatte sie sich brennend gewünscht. Nicht immer von einer Pause auf die andere warten müssen, um ihn dann zwischen den anderen auf dem Schulhof stehen zu sehen. Da nahm er kaum Notiz von ihr. Da war sie eine unter vielen. Noch dazu mehr als zwei Jahre jünger. In seiner Klasse gab es genug Mädchen, die sich um ihn drängten. Ihr blieb nach den Ferien nur noch ein Schuljahr mit ihm. Ulrich kam jetzt in die Abiturklasse.

Diese Gedanken schossen Fanny durch den Kopf, als sie neben Ulrich war. Er lehnte wieder am Beckenrand. Mit den Beinen machte er langsame Schwimmbewegungen. Dabei betrachtete er Fanny, die nun nicht wußte, was sie weiter tun sollte. Sie war unsicher und verlegen.

„Fährst du in den Ferien weg?“ fragte sie schließlich, weil ihr nichts anderes einfiel.

„Nein“, sagte Ulrich. „Kein Geld.“

„Ich würde auch lieber hierbleiben.“ Fanny meinte das ehrlich. Ihr lag nun gar nichts mehr am gemeinsamen Familienurlaub, seit sie wußte, sie könnte Ulrich jeden Nachmittag im Schwimmbad treffen. „Ich geh jetzt raus“, sagte sie. „Wenn du Lust auf 'ne Cola hast, ich habe welche dabei.“

Eigentlich verlief alles nach Plan. Trotzdem war Fanny mit sich unzufrieden, als sie wieder auf der Wiese saß und sich trockenrieb. Da warte ich nun auf eine Gelegenheit, mit Ulrich allein zu sein, dachte sie. Und wenn es soweit ist, da weiß ich glatt nicht mehr, was ich sagen soll.

Sie cremte sich ein. Dann legte sie sich auf den Bauch und sonnte sich. Ob er kommt? dachte sie. Ja, er wird kommen! Ich habe ihn ja direkt eingeladen zu einer Cola. Aber ihre Geduld wurde auf eine harte Probe gestellt.

Als sie schon aufgeben wollte, spürte sie plötzlich kalte Wasserspritzer auf dem sonnenwarmen Rücken. „He!“ sagte sie. Ulrich stand gegen die Sonne, so daß sie sein Gesicht nicht sehen konnte, nur die Umrisse seines Körpers. Wie ein Blitz tauchte das Gefühl der Angst auf. Nur einen Augenblick, eine Sekunde vielleicht. Aber es schnürte ihr fast die Luft ab.

„Setz dich doch!“ sagte sie schroff. Und da war die

Angst wieder weg. „Du stehst mir nämlich in der Sonne“, fügte sie freundlicher hinzu. Sie angelte ihre Badetasche heran, nahm die zwei Dosen Cola heraus, die sie mitgebracht hatte, und reichte ihm eine hin.

„Danke!“ Ulrich trank. Fanny schaute ihn nur an. Wie er da so nahe bei ihr saß, braungebrannt, Wasserperlen auf der Haut, konnte sie kaum glauben, es geschafft zu haben. Jetzt müßten mich die anderen sehen, dachte sie. Die zogen sie immer auf, weil sie noch keinen Freund hatte. „Bist du immer nur nachmittags hier?“ fragte sie.

„Ja. Ich habe einen Ferienjob. Bis halb zwei fahre ich Pakete aus.“ Er sagte das so nebenbei, aber Fanny freute sich. Jetzt wußte sie, woran sie war. Klar, daß sie jeden Nachmittag ins Schwimmbad gehen würde. Nur die zwei Wochen nicht, die sie wegfahren mußte.

Mußte! dachte sie. Dabei hatte sie sich das ganze Jahr über gefreut, mit den Eltern Urlaub in den Bergen zu machen. Südtirol, Bilderbuchlandschaft. Sie waren schon mehrmals dort gewesen, und immer gab es etwas Neues zu entdecken.

Ulrich erzählte nun von sich. Er hatte zwei kleinere Brüder, sein Vater war wochentags nicht da. Um nicht arbeitslos zu werden, hatte er eine Stelle in Braunschweig angenommen. „Das kostet alles viel mehr als früher. Jede Woche die lange Heimfahrt. Und dort das Zimmer. Er ist froh, wenn er im Urlaub zu Hause bleiben kann. Reisen ist also nicht drin bei uns...“

Fanny nickte. Sie kannte solche Probleme zwar nicht aus der eigenen Familie, aber Bekannte ihrer Eltern mußten auch zusehen, wie sie damit zurechtkamen.

„Wie heißt du eigentlich richtig?“ wollte Ulrich wissen.

Danach hatte sie noch kaum jemand gefragt. Alle riefen sie Fanny. In ihrer Geburtsurkunde stand Stefanie. Sie hatte den Namen nicht aussprechen können, als sie noch klein war. Da war es bei Fanny geblieben.

„Funny Fanny!“ sagte Ulrich. Sie lachten beide. Ulrich legte sich neben Fanny ins Gras. „Funny Girl – Fanny!“ Ihm machte das Wortspiel Spaß.

„Bin ich so komisch?“ fragte Fanny. „Ich dachte immer, ich sei ein ernster Mensch.“

„Wenn du lachst, bist du mir lieber. Da hast du so lustige Grübchen.“

Fanny lief ein bißchen rot an. So genau hatte er sie angeschaut. Da hatte er bestimmt auch schon ihre Sommersprossen begutachtet, die sich über den Nasenrükken zogen. Das war ihr großer Kummer. Und als ob er ihre Gedanken erraten hätte, setzte er hinzu: „Das alles paßt zu dir, Funny Fanny. Grübchen und die kleinen Sommersprossen.“ Er nahm einen Grashalm und kitzelte damit ihre Nase.

„Soll das ein Kompliment sein?“

Sie alberten eine Weile herum, und wieder kam sich Fanny ungeschickt und unbeholfen vor. Ich bin viel zu laut und viel zu hektisch, dachte sie. Und ich sage

Dinge, die ich gar nicht sagen will. Lauter blödes Zeug. Ist das so, wenn man in einen Jungen total verknallt ist?

Als Ulrich ging, fragte er: „Sehen wir uns morgen?"

„Klar!" sagte Fanny. Sie war glücklich, daß Ulrich endlich Notiz von ihr genommen hatte. Dabei war es gar nicht so schwierig gewesen, wie sie sich vorgestellt hatte. Vielleicht deshalb, weil sie auf dem Pausenhof immer den Spott der anderen fürchtete. Und Ulrich war auch heute ganz anders gewesen. Nicht so cool und so von oben herab.

Fanny packte ihre Sachen in die Tasche. Dann zog sie das T-Shirt und den Rock über. Am Sprungturm sah sie Ulrich mit ein paar Jungen aus seiner Klasse. Gut, daß keine Mädchen dabei waren. Fanny wäre vor lauter Eifersucht glatt wieder umgekehrt. So aber verließ sie das Schwimmbad mit dem guten Gefühl, an diesem Tag ein ganzes Stück weitergekommen zu sein. Sie summte ein Lied, als sie mit ihrem Fahrrad nach Hause fuhr. Bis zum Urlaub waren es noch zehn Tage. Und die wollte sie nutzen.

Ihre Mutter arbeitete im Garten, als sie zu Hause ankam. „Hilfst du mir ein bißchen, Fanny? Mir tut schon das Kreuz weh."

„Klar." Fanny drückte sich sonst gern vor solchen Arbeiten, aber heute wollte sie einfach noch nicht allein sein.

„Du hast ja so gute Laune“, stellte die Mutter fest. „Ist dir der Schornsteinfeger über den Weg gelaufen?“

Fanny lachte. „So kann man's auch nennen. Ach, Mami, das Leben ist so schön!“

Helga Melchert richtete sich auf und stützte eine Hand auf den Hackenstiel. Mit der anderen strich sie eine Haarsträhne aus dem verschwitzten Gesicht. „Verliebt?“ fragte sie.

Fanny wurde verlegen. Aber sie konnte es nicht aushalten. Sie mußte über Ulrich reden. Von jeher hatte sie sich gut mit ihrer Mutter verstanden. Viel besser als ihre Schwester Doris, die sich auf eigene Beine gestellt hatte, sobald sie volljährig geworden war. Sie wußte, ihre Mutter konnte gut zuhören, würde sich nicht mit unerbetenen Ratschlägen einmischen. Um so betroffener war sie, als ihre Mutter einwandte: „Du hättest dir damit noch ein bißchen Zeit lassen sollen.“

„Aber Mami!“ Auf ihre Schilderung von Ulrichs Vorzügen hatte Fanny eigentlich nur Zustimmung erwartet. Sie sah die steile Falte, die sich über der Nasenwurzel auf der Stirn ihrer Mutter bildete. Diese Falte war immer da, wenn sich ihre Mutter Sorgen machte. Aber worüber machte sie sich denn Sorgen? Es war doch alles bestens.

„Was ist?“ wollte sie wissen. „Ich bin sechzehn, Mami. Fast sechzehn. Andere Mädchen aus meiner Klasse haben schon lange einen festen Freund...“

„Nichts ist, Fanny. Vielleicht bin ich nur ein bißchen

eifersüchtig. Mütter sind eben so." Sie lachte, aber Fanny spürte, daß das Lachen etwas gekünstelt klang. Die Mutter wich ihr aus. Fanny wurde das Gefühl nicht los, daß sie ihr etwas verschwieg. Deshalb erzählte sie auch nichts mehr von Ulrich, obwohl sie diesen Namen am liebsten gesungen hätte.

2

Helga Melchert konnte an diesem Abend lange nicht einschlafen. Sie bemühte sich, so still wie möglich zu liegen, und wagte kaum, sich umzudrehen, damit sie ihren Mann nicht störte. Sie wollte nicht gefragt werden, warum sie denn nicht einschlafen könne. Ihre Gedanken kreisten immer wieder um dasselbe: Wie wird Fanny mit ihrer ersten Liebe fertig werden? Wie wird sie nach all dem Erlebten damit fertig werden?

Sie wußte, es würde vielleicht auch Fannys erste Berührung mit einem jungen Mann werden. Nein, nicht die erste. Das war es ja. Sie wußte nicht, wie Fanny das schreckliche Kindheitserlebnis verkraftet hatte. Als der Fall abgeschlossen war, hatte sie auf Anraten der Ärztin nie wieder mit Fanny darüber gesprochen. Das Kind mußte zur Ruhe kommen, vergessen. Aber hatte sie das auch tatsächlich? War es nicht nur ein Verdrängen gewesen? Mußte nicht bei Fanny, genauso wie bei ihr, alles wieder ins Gedächtnis kommen, wenn eine ähnliche Situation entstand?

Helga Melchert fürchtete sich davor. In ihr tauchten Bilder auf, die sie jahrelang verfolgt hatten. Fanny, blutüberströmt, geschlagen und vergewaltigt, zusammengebrochen auf einer Landstraße. Ein Autofahrer hatte sie zum nächsten Krankenhaus gebracht. Nachts. Den ganzen Nachmittag und Abend hatten sie das Kind verzweifelt gesucht, eine Vermißtenanzeige aufgegeben. Acht Jahre alt war sie damals gewesen. Bewußtlos wurde sie auf der Intensivstation eingeliefert. Tagelang stand sie unter Schock, war kaum ansprechbar. Behutsam und nur bruchstückweise erfuhren sie das Notwendigste. Dann wurde mit Fanny nie mehr darüber gesprochen. Sie verkrampfte sich, sobald jemand sie nach ihren schrecklichen Erlebnissen fragen wollte. Aber mit der Zeit schien sie zu vergessen. Sie wurde wieder ein fröhliches Kind, das an allem Anteil nahm. Nur manchmal nachts schrie sie im Schlaf und zitterte am ganzen Körper. Aber morgens konnte sie sich nicht an ihre Träume erinnern.

Den Täter hatten sie gefaßt. Einen noch nicht mal Achtzehnjährigen, der Fanny beim Brombeerenpflükken überrascht hatte und sie zwang, mit ihm tiefer in den Wald zu gehen. Töten? Nein, das wollte er nicht. Aber aus Angst vor der Entdeckung seiner Tat schlug er so lange auf das Kind ein, bis sie schwor, darüber zu schweigen.

Das alles erfuhren Fannys Eltern während der Hauptverhandlung gegen Jürgen Kleinert. Fanny sprach nicht darüber. Alle Versuche endeten in Weinkrämpfen.

Sie zogen weg aus dem kleinen Ort. Fanny sollte durch nichts an das schreckliche Erlebnis erinnert werden. Darüber waren acht Jahre vergangen. Fanny schien vergessen zu haben, was geschehen war. Aber nie war von ihr, der Mutter, die Angst gewichen, was geschehen würde, wenn Fanny erwachsen wurde.

Ich muß jetzt mit ihr darüber sprechen, dachte Helga Melchert. Ich kann sie nicht unvorbereitet lassen. Aber sie hatte auch Angst vor diesem Gespräch. Sie ahnte, daß sie es hinausschieben würde, immer in der Hoffnung, ihre Befürchtungen träfen nicht ein.

Wenn ich Vergangenes ans Licht zerre und damit Fannys erste große Liebe zerstöre, verliere ich vielleicht auch dieses Kind, dachte sie. So wie ich Doris verloren habe. Damals.

3

Von diesen Gedanken ahnte Fanny nichts. Ihre Mutter konnte sich nicht überwinden, mit Fanny über die Vorfälle in der Kindheit zu sprechen. Sie dachte: Ich sehe zu schwarz. Ich mache mir unnötige Sorgen.

Fanny aber bereitete ihre Schwimmbadnachmittage mit großer Freude vor. Sie traf Ulrich jeden Nachmittag. Wie selbstverständlich schwammen sie zuerst eine Zeitlang, eine Bahn nach der anderen. Dann lagen sie nebeneinander auf der Wiese, ohne viel zu reden. Es war schön, neben Ulrich zu liegen, in den Himmel zu schauen und zu träumen. Ulrich war keiner von den Jungen, die albernes Zeug redeten, nur um sich wichtig zu machen. Das gefiel Fanny. Langsam fand auch sie zum normalen Umgangston zurück. Die Hektik fiel von ihr ab, das unnatürliche Lautsein, das gar nicht zu ihr paßte. Sie sprachen über Alltägliches und kamen dadurch einander näher.

Einmal sagte Ulrich: „Mir ist, als ob du schon immer dagewesen wärest."

Darüber freute sich Fanny. Sie war froh, daß die meisten aus ihrer Klasse schon in den Ferien waren. Auch ihre beste Freundin Dagmar. Aber die würde bald wieder zurück sein. Fanny war sich nicht sicher, wie sie reagieren würde, wenn einer sie foppte. Die Beziehung zu Ulrich war noch so zart und so leicht verletzbar. Sie war sich noch nicht einmal sicher, ob er für sie ebenso empfand, wie sie für ihn. Aber sie wußte wenigstens, daß er sich auf die Nachmittage mit ihr freute. Das merkte sie an Kleinigkeiten, zum Beispiel, wenn er ihr ein Buch mitbrachte, von dem sie tags zuvor gesprochen hatten, oder eine Schallplatte. Oder ein selbstbespieltes Band. Sie wußte längst, daß Ulrich klassische Musik liebte und Klavier spielte. Und sie freute sich, daß er an sie dachte, wenn sie nicht zusammen waren.

„Schade, daß du nach Südtirol fahren mußt. Übermorgen schon..."

Fanny war es, als habe sie soeben eine Liebeserklärung bekommen. Ulrich vermißte sie! „Ich schreibe dir, wenn du willst."

„Das ist zwar ein dürftiger Ersatz für dich – aber besser als gar nichts." Ulrich stützte sich auf den linken Ellenbogen. Mit der rechten Hand zog er ein wenig an einer von Fannys langen Haarsträhnen. Sein Gesicht war ganz nahe. Sie konnte in seine Augen schauen. Sehr klar waren sie und graublau. Das paßte zu seinem hellen Haar und zu den kleinen Falten um die Augen, die entstanden, wenn er keine Brille trug. Im Wasser und neben ihr auf der Wiese brauchte er keine Brille.

„Was ist?“ unterbrach er ihre Betrachtung. „Steht mir nicht wenigstens ein kleiner Vorschuß zu?“

So schnell konnte Fanny seine Gedanken nicht nachvollziehen. Sie hätte auch gar keine Zeit dazu gehabt, denn Ulrich küßte sie, noch bevor sie den Kopf zur Seite drehen konnte.

„Das war aber ein schweres Stück Arbeit.“ Ulrich lachte. „Andere Mädchen sind da entgegenkommender. Aber ich mag dich, Fanny. Genauso wie du bist.“

„Welche anderen Mädchen?“ fragte Fanny. „Wie viele gibt’s denn da bei dir?“

Ulrich konnte nicht darauf antworten. Neben Fanny setzte sich Dagmar ins Gras. „Hallo! Da bin ich wieder!“

Zu jeder anderen Zeit hätte sich Fanny darüber gefreut. Aber in diesem Augenblick wünschte sie Dagmar wer weiß wohin.

„Stör ich etwa?“ Ohne eine Antwort abzuwarten, breitete sie ihre Matte neben Fanny aus und legte sich darauf. „Ist das schön, wieder zu Hause zu sein! Ihr glaubt gar nicht, wie einen so ein Familienurlaub nerven kann.“

„Hab’s ja noch vor mir“, sagte Fanny.

Ulrich zog hinter Dagmars Rücken eine komische Grimasse, die gleichzeitig Bedauern ausdrücken sollte. „Na, dann will ich noch mal ins Wasser gehen.“

Dagmar schien überhaupt nicht zu bemerken, daß ihre Anwesenheit nicht erwünscht war. Sie rekelte sich wohlig und zeigte ihre gebräunte Haut. Fanny kam sich dagegen käsig vor. Jetzt war es ihr ganz recht, daß Ulrich gegangen war. Womöglich zog er noch Vergleiche zwischen ihr und Dagmar. Von der Seite her betrachtete sie die Freundin. Dagmar war ohnehin ein dunkler Typ. Ihr fiel es nicht schwer, schon im Frühjahr sportliche Bräune zu haben. Dazu kam noch das dunkle Haar, das sich wie eine Haube um den Kopf legte, und eine gertenschlanke Figur. Mit einem Wort: Fanny hatte Dagmar bisher immer für die Schönere und Begabtere gehalten und das auch neidlos zugegeben. Sie wunderte sich daher über das plötzliche Mißfallen, mit dem sie die Vorzüge der Freundin betrachtete.

Ich bin eifersüchtig, dachte sie belustigt. Glattweg eifersüchtig. Sie war nicht ganz bei der Sache, als Dagmar ihr vom Urlaub erzählte. Unauffällig hielt sie nach Ulrich Ausschau, konnte ihn aber nirgends entdecken. Da zog sie ihr Badetuch in den Schatten und lehnte sich an den Baumstamm. „Ich will mir nicht noch vor dem Urlaub einen Sonnenbrand zulegen", meinte sie. Nein, den konnte sie jetzt auf keinen Fall gebrauchen. Ihr Vergleich mit der rassigen Freundin fiel sehr zu ihren Ungunsten aus: Einen halben Kopf kleiner, helle Haut mit Sommersprossen auf dem Nasenrücken, und in der Taille war sie auch mindestens um fünf Zentimeter dikker. Nur auf ihr Haar war Fanny stolz. Es war naturblond mit einem winzigen roten Schimmer. Wenn sie es nicht zu einem Zopf geflochten trug, hing ihre Mähne weit am Rücken hinunter. Ich werde künftig keinen Zopf mehr tragen, beschloß sie. Ulrich hatte vorhin eine Haarsträhne um seinen Zeigefinger gewickelt. Das hatte ihr sehr gefallen.

„Gehst du jetzt mit ihm?“ wollte Dagmar wissen.

Fanny wurde aus ihren Träumen aufgestört. „Was?“ Sie tat so, als ob sie Dagmar nicht verstanden hätte.

„Ob du was mit dem Kändler hast!“

Nun konnte Fanny nicht mehr ausweichen. Warum auch? Sollte Dagmar ruhig wissen, woran sie war, und sich nicht erst Chancen ausrechnen. „Er gefällt mir. An den könnte ich mich schon gewöhnen.“

Dagmar lachte leise. „Hat's dich endlich auch erwischt, Prinzeßchen Rührmichnichtan! Schau mal einer an, da wendet man kaum vierzehn Tage den Rücken, schon passiert so was. Und – was nun?“

„Abwarten“, sagte Fanny nur. „Reden wir von was anderem.“

Dagmar ließ sich schnell dazu bringen, weiter vom Urlaub zu erzählen. Fanny hörte nur mit einem Ohr hin. Sie versuchte, wieder zu hexen: Komm her, Ulrich! Komm endlich wieder her!

Aber er ließ sich für den Rest des Nachmittags nicht mehr sehen. Erst am Ausgang sah sie ihn wieder. Er steckte ihr einen Zettel zu und schwang sich auf sein Fahrrad.

4

„Funny Fanny! Ich rufe dich an. Um halb neun." Das stand auf dem Zettel. Fanny hatte ihn auf ihren Schreibtisch gelegt und sorgfältig geglättet. Es war das erste Mal, daß sie seine Schrift sah. In den von ihm geliehenen Büchern hatte sie vergeblich nach einer Anmerkung gesucht. Nicht einmal ein Name stand darin. Aber diesen Zettel hatte Ulrich für sie geschrieben. Allein für sie.

Sie freute sich darüber, daß er eine gut leserliche Schrift hatte. Die Großbuchstaben schrieb er wie Druckbuchstaben, und die Abstriche waren deutlich kräftiger.

Fanny nahm sich sofort vor, künftig auch mehr auf ihre Schrift zu achten. Was sollte er von ihr denken, wenn sie ihm von Rodeneck aus mit flüchtig hingekritzelten Zeilen Briefe schrieb! Sie probierte auf einem Zettel Buchstaben, vor allem die Großbuchstaben U und F. Schließlich zerriß sie den Zettel in lauter kleine Schnipsel. Ich bin ja total bescheuert, dachte sie.

Ulrichs knappe Mitteilung aber faltete sie ganz klein zusammen und steckte sie in ihre Federmappe. Um halb neun wollte er anrufen. Das waren ja noch fast drei Stunden! Aber prima ausgedacht. Heute war Freitag, und wenn der Krimi lief, hörte kein Mensch hin. Da konnte sie ungestört telefonieren.

Fanny legte sich auf ihr Bett. Bis zum Abendessen hatte sie noch Zeit, ihren Gedanken nachzuhängen. Da hatte sie sich nun immer wieder ausgemalt, wie erhebend so ein erster Kuß sein würde – und was war? Dagmar platzte dazwischen und verdarb die ganze Stimmung. Sie war auch gar nicht darauf gefaßt gewesen, nicht in dem Augenblick und nicht im Schwimmbad, so mitten unter all den Leuten. Eigentlich war sie mehr erschrocken als beglückt gewesen.

Sie versuchte, sich diesen Augenblick noch einmal vorzustellen. Es gelang ihr nicht. Nur der Gedanke blieb, daß sie sicher den Kopf weggedreht hätte, wenn sie gewußt hätte, daß Ulrich sie küssen wollte.

Pünktlich um halb neun klingelte das Telefon.

„Mitten im Krimi!" schimpfte Fannys Mutter.

„Nicht erst rangehen!" sagte ihr Vater.

Fanny war schon an der Tür. „Ist sicher Dagi. Die ist aus dem Urlaub zurück. Hat viel zu erzählen. Ihr sagt mir nachher, wer's war, ja?" Damit zog sie die Tür hinter sich zu. Keiner würde ihr Gespräch mit Ulrich jetzt stören.

„Hallo!"

„Hallo, Fanny! Schade um den Nachmittag."

„Ja, wirklich schade."

Fanny hörte, wie Ulrich sich räusperte. Seine Stimme klang ein bißchen rauh. „Ich mag dich nämlich. Sehr sogar", sagte er.

„Ich dich auch, Ulrich. Ich muß so viel an dich denken. Immerzu."

Es war für Sekunden still. Dann hörte Fanny, wie er sagte: „Ich möchte dich sehen. Jetzt gleich. Geht das?"

Fanny erschrak. Sie konnte jetzt nicht aus dem Haus. Das würde eine ewige Fragerei geben, und Fragen beantworten, das wollte sie nicht. Jetzt nicht.

„Nein", sagte sie. „Das geht jetzt nicht, Ulrich. Sei bitte nicht böse."

„Ich bin nicht böse. Nur traurig. Weil wir vor dem Urlaub so wenig Zeit haben. Aber ich hab 'ne Idee – warte mal..."

Sie hörte, wie er den Hörer hinlegte und vom Telefon wegging. Nach wenigen Augenblicken erklang eine Melodie. Zart, leise.

„Kennst du das?"

„Nein", sagte Fanny. „Aber die Melodie ist schön."

„Schumann. Träumerei. Hat er für seine spätere Frau geschrieben, Clara. Die war Pianistin. Aber vielleicht liebst du mehr was anderes. Chapman vielleicht, oder..."

„Nein, nein!" wehrte Fanny ab, obwohl sie bisher

meistens Rock- oder Popmusik gehört hatte. „Ich finde sie schön, deine Musik."

„Ich werde dir die Melodie auf Band spielen", versprach Ulrich. „Ich spiele sie oft auf dem Klavier. Du kannst sie mitnehmen nach Tirol, wenn du magst." Er sagte das so, daß Fanny am liebsten den Hörer aufgelegt hätte, um zu ihm zu laufen.

„Klar", sagte sie. „Nehme ich bestimmt mit. Danke, Ulrich. Auf so eine Idee kannst nur du kommen."

„Ich mach's gleich nachher. Dann kannst du das Band morgen bekommen." Und dann kam es wieder ganz jungenhaft und übermütig: „Und was kriegt der gute Ulrich dafür?"

„Einen Superkuß!" Fanny lachte. Sie fühlte sich ganz leicht und froh. Sie probierten Telefonküsse und kamen dabei in Hochstimmung.

„Der Krimi ist gleich aus", mahnte Fanny schließlich. „Machen wir lieber Schluß für heute."

„Hänge deine Freundin morgen ab", bat Ulrich. „Uns bleibt nur noch so wenig Zeit. Und laß dir was einfallen für morgen abend."

Fanny versprach, ihr möglichstes zu tun. Sie legte den Hörer wieder auf, als sie die Abspannmusik des „Alten" aus dem Wohnzimmer vernahm.

„War aber ein langer Bericht", meinte Helga Melchert, als Fanny sich wieder zu ihnen setzte. „Hatte Dagmar einen schönen Urlaub?"

Fanny war froh, daß sie nicht gleich am Nachmittag

beim Nachhausekommen davon erzählt hatte. Auf diese Weise blieb ihr jetzt genug unverfänglicher Gesprächsstoff.

„Doris wird morgen vormittag kommen. Ich freue mich schon auf Rico“, sagte die Mutter. Doris sollte, während sie in Tirol waren, das Haus hüten.

Ja, Fanny freute sich auch auf ihre Schwester und den kleinen Neffen. Drei Jahre war der nun alt. Und Doris erzog ihn allein. Aber das war eine lange Geschichte.

Fanny kniete sich vor den Plattenschrank und sah die Platten durch.

„Suchst du was Bestimmtes?“ fragte ihr Vater.

„Habt ihr was von – Schumann?“ fragte sie. „Die ‚Träumerei‘ zum Beispiel.“

„Nanu? Seit wann interessierst du dich für Klassisches?“ Der Vater setzte sich zu ihr auf den Teppich und sah nun seinerseits die Plattenstapel durch. Fanny fing einen Blick ihrer Mutter auf. Und sie wußte gleich: Mami hat mich durchschaut. Das Gespräch mit Dagi nimmt sie mir nie ab. Warum habe ich eigentlich geschwindelt? Es ist doch nichts dabei, wenn ich mit Ulrich telefoniere. War es der Satz ihrer Mutter: Du hättest dir damit noch Zeit lassen sollen? Womit denn Zeit lassen, wenn man fast sechzehn war und einem der Junge sagte: Ich mag dich, Fanny.

Der Vater erhob sich stöhnend vom Teppich. Mit der linken Hand hielt er sich das Kreuz. Er gab Fanny eine abgenutzte Plattenhülle. „Hier – das müßte sie sein, deine Träumerei. Steht ihr wieder auf so was?“

Fanny ergriff die Platte. Sie spürte, wie ihr die Röte ins Gesicht schoß. „Ich will mir die Musik nur mal anhören...“ Dann verschwand sie damit in ihrem Zimmer. Wenig später lauschte sie der Melodie.

5

Doris kam schon am zeitigen Vormittag. Sie hatte bei einer Freundin übernachtet, weil sie mit dem Kleinen nicht die weite Fahrt von Berlin auf einmal machen wollte. Fanny freute sich. Sie tobte mit dem dreijährigen Neffen Rico durch das Haus, und ihre Mutter hielt sich die Ohren zu.

Ihre Schwester machte dem Treiben schließlich ein Ende, indem sie Rico zur Mutter in die Küche steckte. „Du bist ja wie ausgewechselt, Fanny!“ stellte sie fest. „Hast du dich so auf uns gefreut?“

„Klar! Euch kriegt man ja nur alle Jubeljahre zu Gesicht.“

„Komm doch einfach mal zu mir nach Berlin“, schlug Doris vor. „Du hast doch noch Ferien, wenn ihr zurückkommt. Ich nehme dich gleich mit, da sparst du für eine Fahrt das Fahrgeld.“

Zu anderen Zeiten hätte Fanny über das Angebot gejubelt. Berlin – mit Doris und dem Steppke zusammen, das war schon was! Aber diesmal war das anders. Nach dem Urlaub wartete Ulrich auf sie, und sie sehnte das Urlaubsende herbei, noch bevor der Urlaub begonnen hatte. „Geht nicht diesmal“, sagte sie. „Ich möchte lieber hierbleiben.“

„Verliebt?“ Doris wußte meistens sofort, was los war. Sie verstanden sich gut, obwohl Doris acht Jahre älter war. Warum Doris damals mit achtzehn von zu Hause ausgezogen war, hatte Fanny bis heute nicht richtig begriffen. Sie wußte nur: Es gab häufig Streit zwischen Doris und den Eltern. An ihrem 18. Geburtstag hatte Doris die Koffer gepackt und war ausgezogen. Ich muß sie fragen, was wirklich los war, nahm Fanny sich vor. Jetzt bin ich alt genug, sie wird es mir erzählen.

Aber erst gab sie Antwort auf Doris Frage: „Verliebt? Und wie!“ Sie lachten beide. Fanny konnte endlich von Ulrich erzählen. Da stand nicht der Satz: Du hättest dir damit noch Zeit lassen sollen.

„Der Ulrich ist einfach super!“ endete ihr Bericht. Und dann holte Fanny die Schallplatte mit der „Träumerei“. „Willst du mal hören?“

Doris lachte. „Ein andermal. Wenn wir mehr Ruhe haben.“ Nach einigem Nachdenken sagte sie: „Und du willst ihn heute abend unbedingt noch sehen?“

„Hast du 'ne Idee?“

„Wie wär's mit Disco? Wenn ich dich mitnehme...“

Fanny fiel ihr um den Hals. „Du bist einfach super!“

„Ich auch?“ fragte Doris in Anspielung auf die begeisterte Schilderung von Ulrich.

„Na klar!“ sagte Fanny. „Du auch.“

Sie konnte es nun gar nicht mehr erwarten, nach dem gemeinsamen Mittagessen ins Schwimmbad zu kommen. Die Erlaubnis ihrer Eltern hatte sie, zusammen mit Doris in die Disco zu gehen. „Aber höchstens bis zehn“, war die einzige Einschränkung.

Sie hatte die ganze Zeit darüber nachgedacht, ob sie Ulrich auch etwas dalassen sollte, damit er an sie dachte, wenn sie zwei Wochen lang nicht da war. Schließlich nahm sie ihr Lieblings-T-Shirt aus dem Schrank. Dunkelblau war es, mit feinen weißen Querstreifen. Und auf der linken Brustseite stand: Dreams. Das wollte sie Ulrich schenken. Und wenn ihm danach war, sollte er es anziehen.

Ulrich wartete schon auf sie. Sie legte ihr Badetuch neben seine Matte und zog Pulli und Jeans aus. Den Badeanzug hatte sie schon darunter an. „Wollen wir nicht ins Wasser gehen?“ fragte sie.

„Später“, sagte Ulrich. „Jetzt bleib noch ein bißchen hier.“

Ihr war es nur recht. Beim Schwimmen konnte man sich nicht gut unterhalten. „Doris ist heute aus Berlin gekommen, meine Schwester. Sie bleibt die Zeit, die wir im Urlaub sind, hier. Damit das Haus nicht leersteht.“

„Sie wohnt in Berlin?“

„Ja. Dort arbeitet sie als Grafikerin, freischaffend. Und sie hat einen kleinen Sohn. Rico.“

„Und gibt's zu Rico auch einen Vater?" wollte Ulrich wissen.

Fanny lachte. „Bist du gründlich! Natürlich gibt's da einen Vater. Wie käme es denn sonst zu einem Rico!" Sie erzählte, daß Doris den Vater ihres Jungen nicht geheiratet hatte. „Mami hat ihr das bis heute noch nicht verziehen. Der Ludwig wohnt jetzt wieder hier, seit er mit dem Studium fertig ist. Ist mit Doris in die Schule gegangen. Und in Berlin waren sie auch viel zusammen. Aber Doris meinte, sie brauche ihn nicht. Weil es keine Liebe war."

„Bist du auch der Meinung?" fragte Ulrich.

„Ich glaube schon. Ohne Liebe – das wäre doch schrecklich. Ein ganzes Leben lang ohne Liebe. Da denkst du doch glatt, du bist an allem vorbeigegangen."

Sie sprachen eine ganze Weile nichts. Jeder hing seinen Gedanken nach. Fanny grübelte wieder darüber nach, warum Doris damals von zu Hause weggegangen war. Das mit Rico war ja später gewesen. Viel später. Sie war damals zehn, als Doris Hals über Kopf auszog. Dann war die Mutter ein paarmal nach Berlin gefahren. Erst viel später kam Doris auch wieder nach Hause. Eigentlich erst, als der Steppke da war.

Ulrich unterbrach ihre Gedanken. „Hier ist das Band – ich habe es gleich nach unserem Telefongespräch gespielt. Willst du es noch mal anhören?"

Fanny freute sich. Sie hatte schon befürchtet, er habe es vergessen. Während er das Band in seinen Walkman einlegte, nahm sie die Kopfhörer. Und dann klang die ihr schon vertraute Melodie aus dem Gerät. Anders als die Schallplattenaufnahme. Nur Klavier.

„Danke", sagte Fanny, als sie die Kopfhörer wieder ablegte. „Ich werde das Band bestimmt ein paarmal am Tag spielen." Dann zog sie das T-Shirt aus ihrer Tasche. „Ich hab dir auch was mitgebracht..."

„Kannst du Gedanken lesen?" Ulrich strahlte. „Gerade habe ich darüber nachgegrübelt, wie ich dich dazu bringen könnte, mir was von dir dazulassen!"

„Ich kann hexen!" behauptete Fanny. „Wußtest du das nicht?"

Er wickelte wieder eine Strähne ihres Haares um seinen Zeigefinger. „Funny Fanny!" sagte er. „Natürlich wußte ich das. Warum läge ich sonst hier neben dir, statt mich im Wasser abzukühlen?"

Sie sprang auf und lief zum Schwimmbecken. Kurz vorher holte er sie ein, faßte sie um die Taille und sprang mit ihr gemeinsam ins Wasser. Beim Wiederauftauchen preßte er sie fest an sich.

Und da war es wieder: Sekundenlang das Gefühl, als müsse sie ihn von sich stoßen, abwehren. Aber nur sekundenlang. Als sie beim Auftauchen sein lachendes Gesicht neben sich sah, war dieses Gefühl schon wieder weg. „Ich darf heute abend in die Disco. Mit Doris."

„Hexe!" sagte Ulrich. „Du kannst doch hexen. Ich werde dich heute abend auf dem Scheiterhaufen verbrennen."

6

Mit Doris zusammen war es ganz einfach. Da gab es keine langen Ermahnungen von der Mutter. Doris bog das alles lachend ab. „Wir sind doch keine Babys."

Von ihrem Vater bekam Fanny noch ein Extrataschengeld. Und das einen Tag vor dem Urlaub!

Fanny hatte lange vor ihrem Kleiderschrank gestanden. Sie wollte schön sein an diesem Abend. Das hellgrüne Trägerkleid? Fanny wußte, die Farbe paßte gut zu ihrem Haar. Aber ob es auch abends in der Discobeleuchtung so gut wirkte? Sie hängte das Kleid in den Schrank zurück. Der dünne Baumwollpullover mit dem V-Ausschnitt war gewiß besser. Dazu paßte auch der weite gemusterte Rock. Zufrieden betrachtete sich Fanny im Spiegel. Ja, die kräftigen Farben waren für den Abend bestimmt besser. Sie flocht sich seitlich dünne Zöpfchen und hielt damit ihre Mähne zusammen. Sie hatte das Haar extra noch gewaschen, damit es ja keine Strähnen gab.

Als sie mit Doris in der Disco ankam, fanden sie gerade noch Platz an einem Tisch. Es war sehr voll. Trotzdem entdeckte Fanny Ulrich sofort. Auch er hatte sie sofort gesehen.

„Das ist Ulrich“, stellte Fanny vor. „Und das ist meine Schwester Doris.“ Zu längerem Gespräch blieb keine Zeit. Doris ging zum Tanzen, und auch Fanny und Ulrich drängten sich auf die überfüllte Tanzfläche.

„Ich hatte schon Angst, du kannst doch nicht kommen“, sagte Ulrich.

„Mit Doris ist alles möglich.“ Fanny war vergnügt wie lange nicht mehr.

Die Zeit verging viel zu schnell. Doris hatte Bekannte aus der Schulzeit getroffen. „Laß dich doch von Ulrich heimbringen“, sagte sie. „Ich komme nach.“

„Ich muß um zehn zu Hause sein, sonst dreht meine Mutter durch“, sagte Fanny zu Ulrich. Aber sie wußte auch, daß sie es diesmal durchstehen würde. Was war schon dabei, ob um zehn, halb elf oder um elf.

Sie gingen durch die kleine Parkanlage, und Ulrich zog Fanny zu einer Bank, die sehr versteckt zwischen Büschen stand. Als er sie küßte, bekam Fanny wieder das Gefühl, sie müßte sich wehren. Um es zu unterdrücken, ließ sie Ulrich gewähren, als er seine Hand unter ihren Pulli schob und immer weiter ihren Körper betastete. Sie fühlte nicht mehr seine Hände, als er sie auf die Wiese hinter der Bank zog und sich auf sie legte. Sie war starr vor Angst, nicht fähig, sich zu bewegen.

Und da war es wieder, das Bild, das sie immer wieder

in den Träumen verfolgte: Ulrichs Gesicht verschwamm und wurde zu einer Fratze, stöhnend und keuchend, und auch der Schmerz war wieder da, der sie fast besinnungslos werden ließ. Der Schmerz, der ihr fast den Leib zerriß.

Und der Haß war da. Der Haß auf den Mann, der ihr den Schmerz zugefügt hatte und der es immer wieder tun würde. Der sie schlagen würde, halbtot schlagen, damit sie schwieg...

Fanny wimmerte: „Ich sag's ja niemandem. Aber ich will nicht sterben..." Sie schloß die Augen und erwartete die Schläge, die sie besinnungslos werden...

„Fanny! Fanny!"

Sie spürte, wie sie gestreichelt wurde. Keine Schläge, kein Schmerz mehr. Nur streicheln.

„Fanny, was ist mit dir? Ich – hab dich doch nur lieb!"

Sie öffnete die Augen, und langsam löste sich der Krampf. Neben ihr im Gras saß Ulrich. Er schaute ratlos auf Fanny, die jetzt hemmungslos weinte. Immer wieder streichelte er sie.

Als sie sich etwas beruhigt hatte, führte er sie zu der Bank, auf der sie vorher gesessen hatten. „War es das erste Mal? Ja, ich verstehe dich schon, Fanny, es war das erste Mal. Aber deswegen brauchst du doch nicht gleich durchdrehen. Und sterben muß man deswegen schon gar nicht." Er versuchte, sie zu beruhigen, aufzuheitern.

Fanny tauchte wie aus einem dunklen Wasser wieder auf. Neben ihr saß Ulrich. Ulrich, den sie liebte.

„Nächstes Mal klappt es bestimmt besser", versuchte Ulrich ihr zu erklären. „Du warst zu verkrampft, hattest Angst. Ich hab schon aufgepaßt, es ist nichts passiert..."

Fanny stieß ihn von sich, als er sie wieder an sich ziehen wollte. „Es wird kein nächstes Mal geben, Ulrich. Nie mehr. Nie mehr." Sie riß sich von ihm los und rannte davon. Sie lief so schnell, daß er ihr kaum folgen konnte. An der Haustür holte er sie ein. „Fanny, entschuldige. Ich hätte dir mehr Zeit lassen sollen. Aber morgen fährst du weg – sei mir nicht mehr böse. Bitte."

Fanny hörte nur den Satz: ...mehr Zeit lassen... Das also war es, was ihre Mutter meinte. Bruchstückhaft tauchten Bilder vor ihr auf. Bilder, die jetzt nicht mehr verdrängt werden konnten.

„Laß mich gehen, Ulrich. Ich muß jetzt allein sein." Sie schloß die Haustür auf und ging hinein. Die Kraft, sich noch einmal umzudrehen, hatte sie nicht.

Ihre Mutter war noch in der Küche. „Guck mal auf die Uhr", rief sie. „Es ist gleich halb zwölf! Und wo ist denn Doris?"

Fanny ging nicht in die Küche, sondern gleich die Treppe nach oben in ihr Zimmer. „Doris kommt nach!" sagte sie. „Ich geh schon mal schlafen. Gute Nacht."

Wie einfach das alles ist, dachte sie. Da ist etwas passiert, das mich völlig aus dem Gleichgewicht bringt, und ich gebe Antworten, als wäre nichts geschehen.

In ihrem Zimmer riß sie die Sachen vom Leib und warf sie ganz unten in den Schrank. Nie mehr würde sie das anziehen! Dann ging sie ins Bad und duschte lange.

Endlich lag sie in ihrem Bett. Aber schlafen konnte sie nicht. Sie hörte, wie Doris nach Hause kam und noch mit der Mutter sprach. Dann klappten die Schlafzimmertüren, und es war still im Haus. Auf diesen Augenblick hatte Fanny gewartet. Vorher konnte sie ihre Gedanken nicht konzentrieren. Jetzt in der Dunkelheit und Stille ihres Zimmers mußte es sich zeigen: Kamen die Bilder wieder, diese entsetzlichen Bruchstücke der Erinnerung? Denn es waren Erinnerungsfetzen, das wußte sie jetzt. Nicht nur Alpträume. Gespräche ihrer Eltern fielen ihr ein, die abgebrochen wurden, wenn Fanny in der Nähe war. Sexualtäter, Vergewaltigung, Kindesmißhandlung – je mehr sie sich zu erinnern suchte, desto mehr Begriffe fand sie zu den Bildern. Einmal hatte ihr Vater ihr die Zeitung aus der Hand gerissen, in der ein Bild dieses Mannes war. Aber das war viel später gewesen.

Sie versank in einen Halbschlaf, gegen den sie sich immer wieder wehrte, weil sie Angst hatte. Angst vor der Erinnerung an das Schreckliche. Denn seit diesem Abend mit Ulrich wußte Fanny: Es war wirklich passiert. Ihr war es passiert. Dieser Mann in der Brombeerhecke: Er würde immer wieder kommen. Immer wieder. Fanny hielt sich die Ohren zu, weil es in ihrem Kopf dröhnte: Immer wieder! Immer wieder! Und er würde Ulrichs Gesicht annehmen. Aber ich liebe ihn doch! dachte Fanny. Wie kann man das aushalten? Einen Menschen gern zu haben, nur an ihn zu denken – und auf der anderen Seite immer Angst vor ihm zu haben?

Ich muß mir Klarheit verschaffen, dachte Fanny. Ich muß genau wissen, was damals geschehen ist. Und ich muß wissen, ob das immer so sein wird, wenn ich mit einem Mann zusammen bin. Das muß ich auch wissen.

Mit wem kann ich nur darüber sprechen? Und warum hat bisher niemand mit mir darüber gesprochen?

Es war fast Tag, als Fanny aufstand. Schlafen konnte sie nicht. Sie legte die Kassette ein und lauschte der Melodie, die Ulrich für sie gespielt hatte. Aber sie konnte sie nicht bis zu Ende anhören. Der Zwiespalt zerriß sie fast. Auf der einen Seite die Zärtlichkeit, die sie für Ulrich empfand, auf der anderen die Angst vor ihm.

Sie drückte die Aus-Taste. Die Melodie brach ab. Fanny setzte sich an ihren Schreibtisch und nahm ein Blatt Briefpapier aus der Mappe. Lange suchte sie nach Worten, um Ulrich alles erklären zu können. Was dann auf dem Papier stand, war nicht das, was sie hatte sagen wollen.

„Es tut mir leid. Ich konnte nicht wissen, daß ich so reagieren würde. Warum das so ist, muß ich selbst erst herausfinden. Es hat nichts mit Dir zu tun, Ulrich, nichts mit uns. Aber bevor ich nicht weiß, wie das zusammenhängt, ob das immer so sein wird, möchte ich

Dich nicht wiedersehen. Ich muß das allein durchstehen. Es tut mir weh, weil ich Dich sehr gern habe..."

Sie faltete das Blatt zusammen und steckte es in einen Briefumschlag. *Für Ulrich*, schrieb sie darauf. *Persönlich*.

Sie zog sich an und verließ leise das Haus. Keinem Menschen begegnete sie, als sie die wenigen Straßen bis zu Ulrichs Haus lief. Den Briefkasten fand sie schnell: Zweiter Stock links. Rasch steckte sie den Brief durch den Schlitz. Dann lief sie davon. Ihre Beine waren schwer, als habe sie eine ermüdende Arbeit hinter sich gebracht. Nun war nichts mehr rückgängig zu machen. Das war gut so. Sie brauchte Zeit, alles herauszufinden. Es würde bestimmt nicht leicht werden, denn niemand sollte etwas bemerken. Dann verheimlichen sie mir wieder alles, dachte Fanny.

Ungesehen kam sie ins Haus zurück. Zum Frühstück sagte sie: „Ich fahre nach dem Urlaub mit Doris nach Berlin."

Ihre Schwester schaute sie überrascht an, sagte aber nichts.

„Hat man Töne?" protestierte Fannys Mutter. „Kaum einen Tag zusammen, machen sie schon was miteinander aus, ohne nach unserer Meinung zu fragen."

„Die Rückfahrkarte bezahle ich von meinem Taschengeld", sagte Fanny.

Ihr Vater, der von allen der Ahnungsloseste war, half

ihr. „Laß sie doch fahren. Hier hat sie doch nur den ganzen Tag den Kleinstadtmief..."

Helga Melchert zuckte resignierend mit den Schultern. „Wenn ihr meint. Ist ja wohl sowieso schon beschlossene Sache."

Fanny zuckte jedesmal zusammen, wenn das Telefon klingelte. Sie hatte Doris gesagt: „Ich bin heute für niemanden zu sprechen, für überhaupt niemanden!" Dann verkroch sie sich in ihr Zimmer und packte umständlich ihren Koffer.

Als nachmittags alle im Garten waren, ging sie an den Schreibtisch ihres Vaters. Dieses Möbelstück war eigentlich tabu, und bisher hatten sich sowohl Doris als auch Fanny daran gehalten. Fannys Herz klopfte spürbar, als sie die Schnellhefter durchsah. Sie legte die Mappen auf einen Stapel, ohne einen Blick hineinzutun. Endlich fand sie, was sie suchte: Prozeß gegen Jürgen Kleinert. Mit zitternden Händen schlug sie den Deckel zurück. Gleich auf der ersten Seite das undeutliche Zeitungsfoto eines jungen Mannes, nicht älter als Ulrich.

Fanny stapelte die Schnellhefter wieder in die richtige Ordnung und legte sie in das Schreibtischfach zurück. Die Mappe „Kleinert" nahm sie mit in ihr Zimmer. Noch brachte sie es nicht über sich, hineinzuschauen und darin zu lesen. Nur das Foto Kleinerts hatte sich in ihr Gedächtnis eingeprägt. Sie wickelte ein

Handtuch um den Ordner und legte ihn zuunterst in ihren Koffer.

Als sie wieder nach unten ging, klingelte das Telefon. Das ist Ulrich, dachte sie. Als das Klingeln nicht aufhörte, ging sie an den Apparat. Ich werde einfach wieder auflegen, nahm sie sich vor.

Aber es war Dagmar. „Warum bist du nicht im Schwimmbad?“ wollte sie wissen.

„Koffer packen“, sagte Fanny kurz. Und dann: „Wenn wir aus Südtirol wiederkommen, fahre ich mit Doris nach Berlin.“

„Du Glückspilz!“ stöhnte Dagmar. „Ich muß hier versauern. Soll ich inzwischen deinen Ulrich trösten?“

Fanny gab es einen Stich. Auf diesen Gedanken war sie noch gar nicht gekommen. „Quatsch!“ sagte sie nur. Aber der Gedanke ging ihr nun nicht mehr aus dem Kopf. Jetzt sah sie jedesmal, wenn sie an Ulrich dachte, ihre Freundin Dagmar neben ihm. Das Bild ließ sich einfach nicht verwischen.

7

Fanny lag schon im Bett, als die Schwester in ihr Zimmer kam. Wortlos rückte sie zur Seite, um ihr Platz zu machen. So hatten sie oft gelegen, früher, als Doris noch zu Hause wohnte.

„Willst du reden?“ fragte Doris.

„Ja.“ Mit wenigen Sätzen erzählte Fanny ihrer Schwester, was nach dem Discobesuch geschehen war.

„Das mußte ja so kommen“, sagte Doris. „Immer dieses Vertuschen. Haben sie denn nicht gemerkt, daß du erwachsen wirst?“ Wenn die Bitterkeit in Doris durchkam, hatte sie keine guten Worte für die Eltern. „Was willst du wissen?“ fragte sie sehr direkt.

Fanny war froh, nicht erst lange um Auskünfte bitten zu müssen. „Wie alt war ich damals?“

„Noch nicht mal acht. Der Kerl hätte dich beinahe totgeschlagen. Sie haben ihn bald danach gefaßt...“

„Warum? Warum macht einer so was?“ Fanny zitterte vor Erregung. Einerseits wollte sie alles wissen, andererseits hatte sie Angst davor. Das, was *sie* betraf, würde keiner genau nachempfinden können. Das konnte sie nur ganz allein nach und nach aus Erinnerungssplittern zusammensetzen. Aber würden sich da nicht Bilder daruntermischen, die sie sich vorstellte, aber nicht erlebt hatte?

Doris streichelte Fannys Gesicht. Dadurch wurde Fanny ein bißchen ruhiger. Von ihrer Schwester drohte ihr bestimmt nichts, was weh tat.

„Man hat damals gesagt, der Jürgen Kleinert habe unter einem Komplex gelitten. Zu sehr von seiner Mutter abhängig."

„Was die Psychologen sich so ausdenken!" Fanny reagierte empört. Dadurch verlor sich ihre Erregung. Sie war im Augenblick nur wütend. „Wenn das jeder machen wollte, der mit seiner Mutter nicht klarkommt!"

„Aber auf dieses Gutachten hat sich damals das Strafmaß gestützt. Außerdem war der Kleinert noch nicht volljährig..."

„Aha! Und deshalb hat man ihn laufenlassen!"

„Das nicht. Er hat seine Jugendstrafe abgesessen." Doris versuchte, so sachlich wie nur möglich zu sein.

„Und – wo ist er jetzt?" Fanny fragte das nur zögernd. „Wie finde ich den Kerl?"

Doris schwieg.

Erst als Fanny noch einmal fragte, sagte sie: „Ich weiß nicht. Wirklich, ich weiß es nicht."

„Den finde ich, verlaß dich drauf!"

„Und was dann? Was willst du tun, wenn du ihn gefunden hast?“ Doris sprach leise, langsam und abwägend. Sie kannte ihre Schwester, wußte auch, wie ernst Fanny etwas nahm, wenn sie es sich erst einmal in den Kopf gesetzt hatte. Deshalb erschrak sie, als Fanny auf ihre Frage antwortete: „Ich werde mich an ihm rächen. Der soll mir büßen, was er mir angetan hat.“

„Fanny! Das hilft dir doch nicht. Es ist Jahre her...“

„Jahre?“ Fanny lachte hart, es klang wie unterdrücktes Weinen. „Nein, Doris, nicht Jahre ist das her. Gestern erst ist es passiert, mit Zeitzünder sozusagen.“

Sie schwiegen, weil Doris nicht wußte, wie sie auf diesen Gefühlsausbruch reagieren sollte. Schließlich fragte sie, um von diesem Thema abzulenken: „Und warum willst du mit mir nach Berlin fahren? Dein Entschluß kommt mir zu plötzlich.“

„Das hat mit alledem nichts zu tun. Ich will einfach mal raus hier – aus diesem Mief.“

Doris dachte: Vielleicht ist es ganz gut, wenn sie mal nicht in der gewohnten Umgebung ist. Sie muß Zeit haben, damit fertig zu werden. Viel Zeit. Und niemand, der in ihre Gedanken hineinredet. Mit so was muß man zuallererst allein fertig werden. Ich mußte es damals auch – deshalb bin ich ja so plötzlich von zu Hause weggegangen.

Fanny hatte sich in ihre Armbeuge gekuschelt. Darüber mußte Doris ein wenig lächeln. Das war immer so gewesen. Wenn ihre kleine Schwester einen Kummer gehabt hatte, dann hatte sie sich alles von der Seele geredet, um kurz darauf fest einzuschlafen.

Doris wartete darauf, die regelmäßigen Atemzüge Fannys zu hören. Sie mußte diesmal lange warten. Gesprochen wurde nicht mehr.

8

Doris konnte nicht wissen, wie zielstrebig Fanny daranging, ihren Plan zu verfolgen. Sie wußte nichts von dem Aktenordner in Fannys Koffer und auch nichts davon, daß Fanny aus dem Medizinschrank ihrer Mutter heimlich eine Packung Antibabypillen genommen hatte, die sie zum richtigen Zeitpunkt einzunehmen gedachte. Sie wollte vorbereitet sein, was immer auch auf sie zukam. Sie wollte nichts dem Zufall überlassen.

Fanny tat so, als ob sie schliefe. Sie hatte genug mit Doris gesprochen, um zu wissen, daß sie auch von da keine Hilfe bekommen konnte. Jetzt wollte sie wieder allein sein. Noch für ein paar Stunden allein, bevor es mit den Eltern in den Urlaub ging. Am liebsten hätte sie sich krank gestellt, wäre zu Hause geblieben. Aber das wäre auch keine Lösung.

Als Doris sich leise erhob und in ihr Zimmer ging, wartete Fanny noch eine Weile. Dann holte sie ihren Recorder und die Kopfhörer. Sie saugte die Melodie regelrecht in sich hinein. Ulrichs Melodie, die jetzt das einzige war, was ihr von ihm blieb.

Am Morgen war Fanny müde und lustlos. Ihr ging die Hektik auf die Nerven, die beim Beladen des Autos mit den vielen Gepäckstücken herrschte.

„Soll ich für dich noch was erledigen?“ fragte Doris.

„Nein.“

Dann fuhren sie los. Fanny schaute noch lange aus dem Rückfenster, wo Doris mit dem Steppke mitten auf der Straße stand und ihnen nachwinkte. Die hat's gut, dachte sie. Die hat ihr Leben im Griff.

Sie richtete sich auf dem Rücksitz bequem ein. Dadurch blieben ihr Stunden, die sie für sich hatte. Keiner würde ihre Gedanken stören. Die Mutter saß vorn, achtete auf Verkehrsschilder und Abzweigungen auf der Autobahn. Fanny tat so, als schliefe sie. Erst als sie den Brennerpaß hinter sich gelassen hatten und in die schöne Bergwelt hineinfuhren, nahm Fanny wieder an allem, was zu sehen war, Anteil. Nur nicht auffallen, hatte sie sich vorgenommen. So tun, als wäre überhaupt nichts geschehen. Als sie dann endlich die steile Serpentinenstraße nach Rodeneck hinauffuhren, war sie äußerlich direkt fröhlich. Sie freute sich auch darüber, daß ihr Zimmer nicht neben dem der Eltern war. Da konnte sie ungestört in diesem Aktenordner lesen.

Als sie ihren Koffer auspackte, holte sie zuerst den Ordner heraus und legte ihn in den Schrank. Davor stapelte sie Pullover und T-Shirts. Dann ging sie mit den Eltern zum Abendessen.

„Unsere Tochter lacht mal wieder“, stellte der Vater fest, dem die Schweigsamkeit Fannys nicht entgangen war. „Womit haben wir diese Gunst wohl verdient?“

Fanny sah, wie die Mutter den Vater heimlich unter dem Tisch mit dem Fuß anstieß. Ach so, dachte sie, sie haben schon darüber gesprochen, was mit mir los sein könnte. Na, das könnt ihr haben! „Mir war nicht gut“, sagte sie. „Kopfschmerzen. Hab ich jetzt öfters.“

Nach dem Abendessen machte sie noch einen ersten kleinen Rundgang durch den Ort. Der Friedhof mit den schwarzen verschnörkelten Eisenkreuzen hatte es ihr besonders angetan. Auch die Kirche, aus der Orgelmusik kam, obwohl kein Gottesdienst war. Fanny ging an der Kirchenmauer entlang, an der Gedenktafeln angebracht waren mit eigenartigen Inschriften, deren letzte Zeile sich auf Amen reimte. Die Tafeln erinnerten an Menschen, die längst alle Erdensorgen hinter sich gelassen hatten.

Als sie den Friedhof wieder verließ, begegnete sie einem Jungen in schwarzer Lederkluft. Dem ersten Anschein nach war er älter als sie, und er gehörte wohl auch hierher. Sein südländischer Typ ließ italienische Herkunft vermuten.

„Hallo“, sagte der Junge.

„Hallo." Fanny hatte keine Lust auf ein Gespräch, aber der Junge schloß sich ihr an, ohne zu fragen. „Ich heiße Antonio – und du?"

„Stefanie", antwortete sie. Es klang abweisend, noch dazu, weil sie ihren offiziellen Namen nannte, der ihr selbst fremd vorkam. Kein Mensch rief sie Stefanie.

„Ich wohne hier", sagte Antonio. Er sprach ein ziemlich gutes Deutsch mit einem kleinen Akzent, der vermuten ließ, daß er genausogut die italienische Sprache beherrschte. „Wo wohnst du?"

„Deutschland", gab Fanny ziemlich genau Auskunft. Und sie setzte hinzu: „Ich bin müde. Die lange Fahrt."

Antonio schien enttäuscht. „Ich lade dich ein – zu einem Cappuccino. Da wirst du wieder munter."

„Morgen – vielleicht", versprach Fanny. „Heute nicht mehr."

In Antonios Augen leuchtete es auf, als er die halbe Zusage hörte. „Morgen – bestimmt!" Er lachte. „Ich bin wieder am Friedhof."

Fanny war froh, als sie den Jungen los war. Sie mußte sogar ein wenig lachen, als sie sah, wie er unweit vom Friedhof auf sein Motorrad stieg. Schwarzer Helm zur schwarzen Lederkluft. Kleiner Macho, dachte sie amüsiert. Dann machte sie sich auch auf den Heimweg. Ihre Eltern saßen vor dem Hotel auf der Terrasse.

„Willst du noch was trinken?" fragte ihre Mutter.

Fanny hätte ganz gern noch einen Saft getrunken, aber sie wollte über nichts mehr Auskunft geben. Allein sein wollte sie endlich.

„Nein. Ich geh gleich schlafen." Sie setzte sich nicht erst an den Tisch, sondern gab ihrer Mutter einen flüchtigen Gutenachtkuß und dem Vater einen freundschaftlichen Klaps.

In ihrem Zimmer angekommen, blieb sie eine Weile im Dunkeln sitzen. Es war ihr, als hätte sie die letzten Stunden und Tage nur für diesen Augenblick gelebt. Sie holte tief Luft, als sie am Fenster stand. Vierzehn Tage Frist, dachte sie.

Und sie dachte an diesem Abend zum erstenmal wieder an Ulrich, ohne Angst. Sie schob die Kassette in den Walkman, und leise erklangen die Melodien, die Ulrich für sie aufgenommen hatte. Aber es wollte sich nicht gleichzeitig damit seine Nähe einstellen. Enttäuscht stellte Fanny das Gerät ab. Sie hatte sich so gewünscht, mit der Musik käme ein Stück von ihm zu ihr. Schade, daß ich kein Foto von Ulrich habe, dachte sie. Und dann: Ob er mein T-Shirt trägt?

Fanny blieb im Dunkeln sitzen. Sie hatte Angst davor, die Mappe aus dem Schrank zu holen. Denn dort würde sie *es* lesen können.

Es, dachte sie, weil sie nicht wagte, dafür einen konkreten Namen zu nennen. *Es,* das war dieser Kleinert, *es,* das war Angst, die nach Jahren aufgetaucht war zu einem Augenblick, als sie glaubte, glücklich zu sein.

Endlich knipste sie das Licht an.

In ein paar Minuten werde ich die Mappe öffnen, schrieb sie in ihr Notizbuch. *Und dann wird mein Leben nicht mehr so sein wie jetzt. Ich werde mehr wissen über mich. Und über ihn. Ich kann mir diesen Menschen nicht vorstellen. Noch nicht.*

9

Die Mappe enthielt auch Zeitungsausschnitte. Wenige nur. Die Namen des Täters und des Opfers waren durch die Anfangsbuchstaben gekennzeichnet. K. für Jürgen Kleinert, M. für Melchert, Stefanie Melchert. Das war sie.

Als Fanny in den Papieren blätterte, war es ihr, als lese sie die Geschichte fremder Menschen.

Das bin doch ich! sagte sie sich immer wieder. Da wird von mir gesprochen, wenn M. dasteht.

Sie blätterte weiter in der Mappe und fand ein blaustichiges Polaroidfoto. Auf dem weißen Streifen unter dem Foto stand J. Kleinert. Es war die Handschrift ihres Vaters.

Das Foto war nicht nur blaustichig, sondern auch unscharf. Fanny schaute es lange an. Sie versuchte, die Gesichtszüge zu erkennen, sich ein Merkmal einzuprägen. Aber der junge Mann auf diesem Foto weckte keine Erinnerung in ihr. Enttäuscht suchte sie in der Mappe nach weiteren Anhaltspunkten. Aber auch der Briefwechsel ihres Vaters mit dem Rechtsanwalt, mit dem Jugendamt, mit der Ärztin – das alles blieb seltsam fremd für sie.

Fanny war verwirrt wie nie zuvor. Schon bereute sie, diese Mappe überhaupt geöffnet zu haben. Schließlich versteckte sie den Ordner wieder hinter ihren Sachen im Schrank. Sie löschte das Licht, legte sich auf ihr Bett und schaltete den kleinen Recorder an. Die Kopfhörer legte sie neben sich auf das Kissen, und so kam Ulrichs Melodie nur ganz leise zu ihr, ganz von ferne. Immer wieder spielte sie das Band ab, bis sie Ulrichs Gesicht wieder klar vor sich sah. Ihr war, als schaue er sie fragend an:

– Was ist los mit dir, Fanny? Ich verstehe Dich nicht mehr. Warum hast du Angst vor mir?

– Ulrich, ich mag dich. Aber alles ist so schwer zu erklären.

– Versuch es wenigstens. Wenn du alles in dich hineinfrißt, wird es nicht besser.

– Es geht nicht, Ulrich. Auch wenn ich es möchte. Ich habe ja selbst nur Bruchstücke in meiner Erinnerung. Ich krieg das einfach nicht zusammen. Das alles macht mir Angst, Ulrich. Vielleicht ist das jetzt immer so, mein ganzes Leben lang…

Ulrichs Gesicht verschwamm zu dem des Polaroidfotos, blaustichig und unscharf. „Das wirst du mir büßen, Kleinert!"

Fanny fand in die Wirklichkeit des Hotelzimmers zurück. Sie mußte diesen Mann finden. Sie mußte sich erinnern, an alles. Sie holte sich noch einmal die Mappe und entnahm ihr das Foto. Keiner würde es vermissen, aber sie brauchte es. Es war der erste handfeste Hinweis. Im Schein der Nachttischlampe versuchte sie noch einmal, sein Gesicht zu erkennen. Und sie dachte: Ein Vergrößerungsglas müßte ich haben. Damit könnte ich mir dieses Gesicht heranholen. Aber woher jetzt so etwas nehmen?

Antonio fiel ihr ein, der Junge mit dem Motorrad. Der mußte ihr eine Lupe besorgen. Und sie nahm sich auch vor, am nächsten Tag den Inhalt der Mappe genau nach Hinweisen zu überprüfen, wo sie diesen Kleinert finden konnte.

Und dann kamen plötzlich die Bilder, verworrene Traumbilder. Bilder die sie kannte, weil sie davon seit Jahren nachts aus dem Schlaf hochschreckte. Sie waren seltener geworden mit der Zeit. Und es waren immer Bruchstücke gewesen. Doch jetzt lief der ganze Film ab.

Ein heißer Tag im Sommer... die Brombeerhecke... die Früchte waren überreif und süß.

Ihre Hände waren zerkratzt von den Dornen, aber die schwarzen glänzenden Früchte lockten immer wieder. Fanny war acht Jahre alt, es waren Schulferien, und sie streifte gern allein über die Felder zum nahen Waldrand. Hier oben war ihr Lieblingsplatz. Sie konnte das Dorf sehen, sogar ihr Haus.

Ihre Hände waren vom dunkelroten Saft der Beeren

gefärbt. Um die Kratzer machte sie sich keine Gedanken. Das heilte schnell.

„Schmeckt's?"

Fanny schaute hoch. Neben ihr stand ein Junge in Jeans und Turnschuhen. Das weiße kurzärmelige Hemd hatte er auf dem Bauch zusammengeknotet.

„Willst du ein paar?" fragte Fanny. Sie bot ihm die reifen Brombeeren in der hohlen Hand an. „Die schmecken wirklich prima."

Als sie sich aus der Hockstellung aufrichtete, merkte sie, daß der Junge wohl doch viel älter war. Sie reichte ihm nicht mal bis zu den Schultern. „Wollen Sie – mal kosten?"

Der Junge aß die Beeren gleich aus ihrer Hand. Sie lachte, als seine Zunge ihre Handfläche kitzelte.

„Mehr!" sagte der Junge.

Sie sammelte wieder Beeren in ihre Handfläche, die sie zur Mulde bog. Es waren besonders schöne reife Beeren, der Saft färbte ihre Hände. Und wieder aß der Junge davon, gleich aus ihrer Hand. Die letzte Beere nahm er zwischen Daumen und Zeigefinger und steckte sie Fanny in den Mund. „Bist ein gutes Mädchen", lobte er. „Aber ich weiß eine Stelle, da wachsen noch viel saftigere Beeren."

„Wirklich? Wo denn?"

„Komm mit. Ich zeig dir's."

Fanny schaute zum Dorf hin. Eigentlich hatte sie gar keine Zeit mehr, aber wenn es noch eine bessere Stelle wäre – ihre Mutter konnte so gute Brombeertorte machen.

„Ist's weit?"

„Nein. Keine zehn Minuten." Der Junge nahm Fanny an der Hand und führte sie in den Wald hinein. Dabei fragte er nach diesem und jenem, so daß Fanny gar nicht auf den Weg und auf die Zeit achtete. Aber dann wurde sie doch stutzig: Hier war sie noch nie gewesen. „Wo sind denn nun die Beeren?"

„Gleich!" Der Junge hielt Fannys Hand fester und zog sie in das Dickicht. „Erst mußt du aber noch ganz lieb zu mir sein."

„Spinnst du? Ich will wieder heim. Du hast mich angelogen. Hier können gar keine Brombeeren wachsen. Hier ist es viel zu schattig..."

Der Griff um ihr Handgelenk wurde fester. Das schmerzte, und Fanny schrie auf. „Laß los – das tut weh!"

Der Junge schaute nun gar nicht mehr freundlich. Sie bekam Angst.

„Zieh dich aus!" befahl er. Und er hatte plötzlich ein Messer in der Hand. „Na los, mach schon!"

„Ich will heim!" Fanny begann zu weinen. Sie wollte davonlaufen, wußte nun aber nicht mehr, aus welcher Richtung sie gekommen war. Der Wald war hier dicht, das Unterholz kaum ausgelichtet. Überall, wohin sie laufen wollte, schlugen ihr die Zweige ins Gesicht. Sie lief regelrecht im Kreis und prallte gegen den Bauch des Jungen. Sein Lachen gellte in ihren Ohren...

An dieser Stelle ihres Alptraums erwachte Fanny oft. So auch diesmal. Ihr Herz schlug bis zum Hals. Der Schweiß lief ihr über das Gesicht, als sie sich aufrichtete.

Diesmal machte sie kein Licht wie sonst. Sie wußte jetzt, daß dies nicht nur ein Traum war, sondern ein Stück Erinnerung.

Nachdem sie sich dies klargemacht hatte, wich auch die Beklemmung von ihr. Festhalten wollte sie dies alles, irgendwann würde sie es zu einem Bild zusammenfügen können. Sie konzentrierte sich mit geschlossenen Augen auf die Gestalt des Jungen: Groß. Als ich gegen ihn prallte, stieß ich mit dem Kopf gerade an seine Brust. Breit war sie nicht, eher mager und schmal. Sein Gesicht – wie war sein Gesicht? Der Mund, fiel ihr ein, war ziemlich breit. Und die Zähne verfärbt. Das kam von den Brombeeren. Die Augen kniff er zusammen zu einem Spalt, als er wütend wurde. Sie bekam das Gesicht nicht richtig zusammen. Nein, einen Bart trug er nicht, nicht mal einen Ansatz vom Flaum hatte sie gespürt, als sein Gesicht ihr immer näher kam.

Und plötzlich war da ein Geruch. Schweiß, der von Angst kam, von Erregung.

Und sie wußte jetzt auch, wie sein Körper sich angefühlt hatte, als er sie unter sich preßte. Es war ein knochiger und harter Körper gewesen, kein geschmeidiger.

Nun erst knipste sie das Licht an. Sie holte ihr Notizbuch und schrieb ihre Empfindungen auf. Als sie damit fertig war, schien es ihr, als habe sie Schwerstarbeit geleistet. Bis zum Morgen sank sie dann in einen traumlosen Schlaf.

10

Immer wieder kamen diese Anrufe von Ulrich. Doris konnte sich nicht entschließen, mit ihm zu reden. „Warte ab, bis Fanny wieder zu Hause ist", sagte sie. „Das ist ihre Sache."

Aber damit gab sich Ulrich nicht zufrieden. „Kann ich nicht mit dir sprechen?" drängte er. „Es ist so wichtig für mich."

„Na gut. Komm her." Doris fühlte sich nicht wohl dabei, diese Zusage gegeben zu haben. Sie würde in Fannys Entscheidung eingreifen.

Kaum eine halbe Stunde später stand Ulrich vor der Gartentür.

„Komm rein", sagte Doris. „Ich weiß zwar nicht, ob das jetzt richtig ist, aber so kann es auch nicht weitergehen."

Sie setzten sich in eine schattige Ecke des Gartens, und dann erzählte Doris, was damals vorgefallen war, als Fanny noch ein Kind war.

Ulrich sagte eine ganze Weile gar nichts. Er schaute

nur vor sich hin, schien weit weg zu sein mit seinen Gedanken.

Wie wird er reagieren? dachte Doris besorgt.

„Und was nun?" fragte sie, weil er immer noch schwieg. „Was machen wir jetzt?"

„Ich hab versucht, mir das vorzustellen", sagte er. „Es muß schrecklich für sie gewesen sein. Und ich – ich habe sie überrumpelt damals. Danke, daß du mir das alles erzählt hast. Ich werde Fanny nicht sagen, daß ich es weiß. Wenigstens nicht gleich. Vielleicht erzählt sie es mir selbst. Wie kann man ihr helfen?"

Als Ulrich gegangen war, konnte sich Doris noch lange nicht davon lösen, worüber sie gesprochen hatten. Hatte ich überhaupt ein Recht, mich da einzumischen? fragte sie sich. Wäre es nicht Fannys Sache gewesen, ihm das alles zu sagen? Wie hätte ich in ihrem Alter auf so etwas reagiert?

Plötzlich wurde Doris klar, daß es gar nicht nur Fannys Sache war. Auch sie selbst hatte etwas verdrängt und vergessen. Die ganze Zeit danach – als ihr Verhältnis zu den Eltern immer schlechter wurde. Jetzt kam die Erinnerung an demütigende Szenen wieder, wo sie immer den kürzeren gezogen hatte. Vor allem ihre Mutter war überängstlich geworden, wachte mißtrauisch über alle Freundschaften, die sie schloß. Doris hatte sich eingeengt gefühlt, war aggressiv geworden. Der Entschluß hatte lange vor ihrem achtzehnten Geburtstag festgestanden: Ich lasse mich nicht mehr gängeln. Ich ziehe aus.

Das tat sie dann auch. Unüberlegt, trotzig. Ihre Eltern ließ sie in Ratlosigkeit zurück. Weit weg wollte sie. Berlin schien ihr genau richtig. Ludwig studierte dort, ein guter Freund, den sie schon seit der Grundschule kannte.

In der ersten Berliner Zeit war es ihr nicht besonders gutgegangen. Sie hatte sich gerade so durchschlagen können. Nicht gerade der Traum vom freien Leben. Das Sich-anpassen-Müssen hatte sich fortgesetzt, nur auf einer anderen Ebene. Damals war sie fast verzweifelt.

Und immer wieder die Briefe der Eltern: Komm zurück. Es wird alles anders. Die Angst der Mutter: Gerate nicht in die falschen Kreise. Du bist unerfahren. Komm zurück.

Nein. Nun gerade nicht.

Sie hatte sich vorgenommen, es allein zu schaffen. Grafikerin wollte sie werden. Sie besuchte Kurse und kratzte das Geld dafür mit allen möglichen Jobs zusammen. Ihre Wohnung war ein schmales Zimmer in einem Hinterhaus, Wasserleitung und Klo auf der halben Treppe. Wenn es darum ging, Zeichenpapier oder Mittagessen, dann siegte meistens das Zeichenpapier. Denn das brauchte sie. Dringend. Wie schwer es Autodidakten bei dem Überangebot an freien Grafikern haben, sollte sie auch bald feststellen. Da entschloß sie sich, die Fachschule zu besuchen. Von den Eltern lehnte sie jede

Hilfe ab. Neben dem Studium jobbte sie. Manchmal war sie fast am Ende ihrer Kraft.

In dieser Zeit half ihr Ludwig. Der nahm sie manchmal in die Mensa mit, spendierte ihr ein Mittagessen. Sie kannten sich ja gut von zu Hause her. Es war mehr Freundschaft als anderes.

Als sie das Kind erwartete, wollte Ludwig heiraten, aber Doris sagte nein. Und dabei blieb es.

Es ist keine Liebe dabei, erklärte sie Ludwig. Warum sollen wir ein ganzes Leben lang zusammenbleiben, wenn sich für uns beide noch so viele Möglichkeiten bieten könnten.

Ihre Eltern, Ludwigs Eltern – alle wollten, daß „die Sache" endlich in Ordnung kam. Aber Doris fand es gut so, wie es war. Der Winzling, der dann geboren wurde, stärkte ihr Verantwortungsgefühl. Für sich und für andere. Ich schaffe es, sagte sie sich immer wieder. Ich schaffe es.

Und sie schaffte es wirklich. Ludwig sorgte für den Kleinen, so gut er konnte. Für sich nahm Doris nichts. Und als sie einige feste Auftraggeber gefunden hatte und in eine vernünftige Wohnung umziehen konnte, nahm sie auch für Rico nichts mehr von Ludwig.

Rico gehörte nun ihr. Ganz allein ihr. Erst als sie fest davon überzeugt war, es geschafft zu haben, wehrte sie die Annäherungen der Eltern nicht mehr ab. Aber sie begab sich nie wieder in eine Abhängigkeit. So, wie es war, mußte es bleiben. Und wie es schien, akzeptierten die Eltern das inzwischen auch. Der kleine Rico hatte alle wieder einander nähergebracht. Aber Doris bestand darauf, nie wieder von Heirat zu sprechen. „Sonst seht ihr mich nicht wieder!“

Ihr war nicht wohl bei dem Gedanken, sich nun in Fannys Leben eingemischt zu haben. Das war sonst nicht ihre Art. Für sich selbst hätte sie ein derartiges Verhalten anderer abgelehnt.

Im Garten, wo sie jetzt zum Abend die Pflanzen mit Wasser versorgte, spielte der Steppke, alles um sich her vergessend, mit irgendwelchen Hölzchen, die er wie einen Zaun um eine abgepflückte Blume steckte.

„Was wird denn das?“ erkundigte sich Doris.

„Siehste doch, ein Schutzzaun. Damit ihr nichts passiert.“

Doris dachte: Woher soll so ein kleiner Mensch wissen, daß die Blume Wurzeln braucht. Morgen wird sie verwelkt sein. Sie beschloß, abends, wenn Rico schlief, eine ähnliche Blume auszugraben und für die andere einzupflanzen. Er soll nicht traurig sein, wenn sie morgen schon ihre Blätter hängen ließ.

Da mische ich mich ja schon wieder ein! dachte sie. Was ist denn mit mir los?

Ich tue es, weil ich die beiden liebe, die Fanny und den Rico. Und dann dachte sie: Meine Mutter hat es bestimmt auch deswegen gemacht, weil sie mich liebt. Dieser Gedanke stimmte sie versöhnlicher gegen die Eltern. Nachdem Rico schlief und das Blümchen gut angegossen im Schutze des winzigen Stäbchenzaunes stand, rief Doris bei Ulrich an.

„Versprich mir eins, Ulrich: Alles, was du tust, darf nur aus Liebe zu Fanny geschehen. Daran mußt du denken."

„Ich denke daran. Darauf kannst du dich verlassen. Und von unserem Gespräch erfährt sie nichts."

„Danke, Ulrich. Ich weiß, es ist ein bißchen feig von mir, aber so ist es vielleicht wirklich am besten. Weißt du was? Komm einfach auch ein paar Tage nach Berlin – so rein zufällig."

In der Telefonleitung blieb es ein paar Sekunden still. Dann sagte Ulrich: „Ich komm hin. Und wenn ich trampen muß."

„Fahr doch gleich mit uns", bot Doris an.

„Nein. Ich komme später. Ein Quartier weiß ich auch schon..."

Der Abend endete mit Plänemachen für Berlin. Eine Überraschung für Fanny sollte es werden. Und merken durfte sie auf keinen Fall, wie intensiv das alles vorbereitet worden war.

Als Doris endlich zu Bett ging, war sie ruhig und ausgeglichen. Sie genoß es, das Haus für sich zu haben, für sich und den Steppke, der um seine Blume einen Zaun baute, damit ihr nichts geschah. Sein Kinderbett stand in Doris' Zimmer. Sie machte kein Licht, um ihn nicht zu stören. Licht kam noch genug von draußen. Sie sah, daß er die Decke weggeschoben hatte.

Es wird ihm nachts zu kalt werden, dachte sie. Behutsam legte sie die Decke wieder über ihn. Von ihrem Bett aus konnte sie die Umrisse seines Körpers sehen. Die Gitterstäbe des Bettchens umgaben ihn wie sein Zaun die kleine Blume. Doris nahm dieses Bild mit in den Traum hinüber, aber auch den Gedanken: So ein Zaun der Liebe darf nicht zu eng werden. Er muß einen Ausgang haben, durch den man gehen kann, wenn man das möchte.

11

Fanny führte in den Urlaubswochen ein Doppelleben. Immer, wenn sie sicher war, nicht gestört zu werden, vertiefte sie ihre Erinnerungen, versuchte sie, Lücken zu füllen. Das war mühsam, und es tat weh. Meistens schlief sie erst gegen Morgen ein. Unausgeschlafen und mit Ringen unter den Augen kam sie dann zum Frühstück.

„Was ist mit dir?" Die Mutter machte sich Sorgen. „Du solltest nicht so viel mit diesem Antonio zusammensein."

Fanny wollte aggressiv antworten. Damit hatte ihre Müdigkeit nun wirklich nichts zu tun. „Der ist schon in Ordnung", sagte sie nur. Und dann: „Er will mich am Sonntag zum Surfen mitnehmen. An den Gardasee."

„Kommt nicht in Frage!" Wie aus einem Mund kam der Protest von Fannys Eltern.

Jetzt gerade! dachte Fanny trotzig. Am Abend hatte sie die Eltern dann so weit, daß sie zustimmten. Die Bedenken und Ermahnungen überhörte sie einfach. Nur daß die Mutter Ulrich als Grund anführte, nicht so oft mit Antonio zusammen zu sein, ging ihr gegen den Strich. „Zu Hause war es Ulrich, hier Antonio! Ich kann doch nicht ewig nur mit euch spazierengehen."

Ihr ging das auf die Nerven, den ganzen Tag mit den Eltern zusammen zu sein. Und obwohl sie anfangs gar nichts mit Antonio zu tun haben wollte, freute sie sich jetzt schon darauf, daß er abends vor dem Postamt auf sie wartete. „Einen Cappuccino?" war immer die Begrüßung. Dann gingen sie in das kleine Café, wo man unter Bäumen und Sonnenschirmen so schön sitzen konnte. Antonio erzählte, was er tagsüber gemacht hatte, Fanny berichtete von ihren Ausflügen.

„Ferien müßte man haben!" stöhnte Antonio dann. Er arbeitete in einer Autowerkstatt unten im Tal.

„Ich komme mit!" sagte Fanny an diesem Abend. „Zum Gardasee."

„Tatsächlich?" Antonio konnte sich so offensichtlich freuen, daß es ansteckend wirkte. „Dann müssen wir aber ganz früh losfahren, geht das? So um halb fünf?"

„Warum nicht? Meinetwegen um vier." Fanny freute sich nun auch auf den Ausflug.

„Kriegst den Sturzhelm von meiner Schwester."

Fanny nickte. An die Schwester glaubte sie nicht, denn Antonio war ein Casanova. Es war ihr auch nicht wichtig. Sie wollte nur weg aus diesem Ferienort, von dem aus sie allein so gut wie nichts unternehmen konnte. Wie abgeschnitten kam sie sich da oben vor. Bis ins Tal hinunter war es ein weiter Fußweg, oder sie mußte die Eltern bitten, mit ihr im Auto hinunterzufahren.

„Also übermorgen", sagte Antonio. Er trug hautenge Jeans, ein offenes Hemd und Sandalen. Schön wollte er immer sein, das hatte Fanny schon mitbekommen. Es amüsierte sie. Aber die schwarze Lederkluft hatte er seit dem ersten Abend nicht wieder getragen.

„Kannst du überhaupt surfen?" fragte sie.

Antonio tat gekränkt. „Ich war zehn, da stand ich schon auf dem Surfbrett. Mein Cousin hat eine Surfschule..."

„Schon gut, ich glaub dir's ja." Fanny lachte. Sie war gern mit Antonio zusammen. Mit ihm konnte man viel lachen. Ihr Problem war dann für eine Weile verdrängt.

Sie stellte sich vor, wie es mit Ulrich gekommen wäre, wenn – nein, diese Gedanken verschob sie lieber auf später, wenn sie allein in ihrem Zimmer war. Jetzt blieb sowieso keine Zeit dazu, denn Antonios Freunde waren gekommen. Sie setzten sich gleich mit an den Tisch. Fanny fühlte sich zu der Clique direkt ein bißchen dazugehörig. Verständigungsschwierigkeiten gab es kaum, denn die meisten in Rodeneck sprachen ganz gut deutsch. Und Fanny wußte ein paar italienische Brokken. Schnell wurden sie einig, am Sonntag mit zum Gardasee zu fahren. Fanny war das nur recht. Es würden auch Mädchen mitkommen.

In der Vorfreude auf diesen Ausflug holte sie später die Mappe nicht aus dem Schrank. Sie dachte nicht einmal daran. An Ulrich dachte sie, und sie hörte lange seine Musik. Dann schrieb sie in ihr Notizbuch: *Ach Ulrich! Ich wünschte, du wärest der Antonio und hier…*

Am Sonntagmorgen ging es dann ganz früh los. Sie fuhren mit fünf Motorrädern die Serpentinen ins Tal hinunter. Zwei der jungen Burschen hatten ihre Freundinnen mitgebracht. Antonio stellte den Mädchen stolz seine Freundin Stefanie vor.

„Sagt einfach Fanny zu mir", sagte sie.

Antonio reagierte ein wenig betroffen, sagte aber nichts dazu.

Fanny genoß die Fahrt auf der Autobahn, durch die Tunnel, immer nach Süden. Sie hatte das Haar absichtlich nicht zu einem Zopf geflochten. Ihr gefiel es, wenn es unter dem Sturzhelm hervorschaute und nun im Wind flatterte. Sie wollte auch bewundert werden. Funny Fanny. Am Dienstag war der Urlaub zu Ende.

Und dann war der See da, die riesige Wasserfläche, deren anderes Ufer im Dunst nicht zu sehen war.

Aber Antonio konnte man sehen. Wie mit dem Brett verwachsen glitt er übers Wasser. Fanny kniff die Augen ein wenig zu, weil die glitzernden Wellen sie blendeten. Sie ertappte sich dabei, wie sie Antonio bewunderte und stolz darauf war, weil er am elegantesten auf dem Surfbrett stand. Ihm passierte es nicht, daß er ins Wasser fiel wie die anderen.

Sie legte sich auf den Rücken und träumte vor sich

hin. Schön war das. Einfach so daliegen, die Gedanken kommen und gehen lassen. Freundliche Gedanken, die keine Spuren hinterließen, höchstens ein bißchen die Seele streichelten. In einem Tucholsky-Band, den Ulrich ihr mitgebracht hatte, stand: „...die Seele baumeln lassen..." So war ihr jetzt zumute. Zeitlos.

Wie lange sie so gelegen hatte, wußte sie nicht. Ein Schatten nahm ihr die Sonnenwärme. „He!" schimpfte sie. Im selben Augenblick war da wieder das Gefühl, das sie jedesmal zusammenzucken ließ, wenn einer über ihr stand und sie auf dem Boden lag. Sofort war sie verkrampft und irgendwie wehrlos.

„Entschuldige, Stefanie." Antonio setzte sich neben sie ins Gras. „Hast du gesehen, wie ich es mache?" fragte er stolz.

Fanny wollte nicht liegen, wenn er saß. Sie richtete sich auf und stützte ihre Hände hinter sich auf die Matte. „Prima machst du das." Sie wußte, wie gut ihm das Lob tun würde. „Warum nennst du mich nicht auch Fanny?"

Er schaute sie nicht an, als er antwortete. „Du hast es den anderen erlaubt. Mir nicht."

„Gekränkt? Du bist ein Kindskopf, Tonio." Bewußt benutzte sie die Kurzform nun selbst.

„Du spielst mit mir. In zwei Tagen bist du wieder fort." In seiner Stimme war ein bißchen Traurigkeit.

Fanny setzte sich nun ganz auf und schlang die Hände um ihre Knie. „Aber das wußtest du doch von Anfang an", sagte sie. „Und ich wußte es auch. Deshalb wollte ich doch nicht..."

„Hast du schon einen Freund?" fragte Antonio. „Ich meine, einen, mit dem du richtig gehst."

„Ich weiß nicht." Fanny hätte gern von Ulrich erzählt. Aber sie wollte Antonio nicht weh tun. „Weißt du, wir hatten einen Streit, als ich wegfuhr. Aber ich denke oft an ihn."

Antonio legte sich nun neben sie ins Gras und schloß die Augen. Wie er so dalag, fiel alles männliche Getue von ihm ab. Fanny mußte ein wenig lächeln. Da war nichts mehr übrig vom strahlenden Surfer, der die anderen weit hinter sich ließ. Nur ein trauriger Junge war noch da. Fanny kam sich plötzlich schäbig vor. Gerade an ihm wollte sie ausprobieren, ob immer die Angst kam, wenn sie mit einem Jungen zusammen war. Der Schatten vorhin über ihr, ja, der hatte ihr Angst gemacht. Nur eine Sekunde lang. Aber es war da, dieses Gefühl.

Ob sie Antonio davon erzählen sollte? In zwei Tagen war sie nicht mehr da, wenig später würde er sie vergessen haben. „Ich werde auch oft an dich denken, Tonio", sagte sie, weil Antonio immer noch schwieg. „Besonders an den Tag heute. Weil es schön war mit dir."

Antonio schaute sie nun an. „Du sprichst von war – als ob alles schon Vergangenheit wäre. Dabei dachte ich, es könnte..." Er nahm eine Haarsträhne Fannys und wickelte sie um seinen Zeigefinger, so wie es Ulrich getan hatte. „Ich verstehe schon. Lückenbüßer Tonio."

„Nein. Das darfst du nicht sagen. Ich bin einfach noch nicht mit Ulrich fertig, verstehst du? Und vielleicht wird es auch wieder gut zwischen uns. Mit dir, Tonio, das ist anders. Ich brauchte dich, sonst wären es ganz fürchterliche Ferien geworden."

Sie schaute ihn nicht an, als sie in Kurzfassung erzählte, welches Problem sie hatte. In zwei Tagen, dachte sie, in zwei Tagen werden wir uns nicht mehr sehen.

„Verstehst du mich jetzt, Tonio?" Fannys Stimme klang ganz dünn.

„Gut, daß du mir das gesagt hast", sagte Antonio. „Ich glaube, ich hätte sonst noch mehr kaputtgemacht. Jetzt muß ich allein sein." Er stand wenig später wieder auf dem Surfbrett. Fanny schaute ihm lange nach, wie er sich gegen den Wind stemmte. Wenn ich mit Ulrich so darüber gesprochen hätte, wäre vielleicht alles gutgegangen, dachte sie. Aber damals wußte ich noch zuwenig. Warum hat niemand mit mir darüber geredet?

12

„War's schön?" In der Frage ihrer Mutter klang Sorge mit. Fanny aber spielte ihre Rolle perfekt.

„Super!" sagte sie. Dann setzte sie sich zu den Eltern auf die Terrasse und erzählte von Antonio. „Der stand wie ein kleiner Gott auf seinem Surfbrett. Und das wußte er auch!" Sie lachte und spürte, daß bei ihrer Mutter die Verkrampfung nachließ. Ach Mami! dachte sie. Dann schmückte sie ihren Bericht so aus, daß kein Zweifel darüber bestand: Mit Antonio – das ist ein Flirt. Nichts weiter. Keine Sorge.

Sie dachte dabei auch an Ulrich. Nein, sie hatte sich nichts vorzuwerfen. Sie täuschte Müdigkeit vor, damit sie sich auf ihr Zimmer zurückziehen konnte. Dabei war sie durch den Gedanken an Ulrich hellwach geworden. Vielleicht hatte er sich längst mit einem anderen Mädchen getröstet. Mit Dagmar vielleicht?

Bei diesem Gedanken krampfte sich in Fanny alles zusammen. Konnte sie von Ulrich erwarten, daß er ihr treu blieb? Nachdem sie ihn so weggeschickt hatte?

Am liebsten wäre sie auf der Stelle nach Hause gefahren. Aber was dann? So wie sie sich verhalten hatte, mußte er doch annehmen, es sei alles zwischen ihnen aus. Nach dem schönen Tag am See kam jetzt der Katzenjammer. Und der Gedanke: Ich werde nie mehr etwas Schönes richtig genießen können. Immer wird *das* dazwischen stehen. Sie steigerte sich regelrecht in ihre Verzweiflung hinein. In die Verzweiflung und den Gedanken an Rache. Das soll er mir büßen, dieser Kleinert. Ich werde ihm sein Leben auch kaputtmachen!

In ihr Notizbuch schrieb sie: ... *Es nützt nichts, nicht daran zu denken. Ein paar Tage lang dachte ich, das geht. Antonio war da, und er war fröhlich mit mir. Nun habe ich ihn auch traurig gemacht. Wenn ich einen Jungen gern habe, werde ich ihm rechtzeitig ausweichen müssen. Es ist ein Unglück.*

Dann nahm Fanny noch einmal die Mappe aus dem Schrank. Sie würde diese Unterlagen wieder an ihren Platz zurücklegen, sobald sie zu Hause war. In ihrem Notizbuch standen alle Fakten, von denen sie hoffte, sie würden einmal Anhaltspunkte sein.

Anhaltspunkte wofür?

Ihn zu finden, diesen Jürgen Kleinert!

Sie rechnete nach. Kleinert war inzwischen sechsundzwanzig geworden, lebte sicher nicht mehr zu Hause bei seiner Mutter, war vielleicht gar verheiratet. Aber sie konnte sich das nicht vorstellen, wie einer nach so einer Tat ganz normal weiterleben konnte.

Mit dem Vergrößerungsglas von Antonio schaute Fanny noch einmal das Foto an. Auch diesmal blieb ihr das Gesicht fremd. Es war anders als das aus ihren Alpträumen. Trotzdem behielt Fanny das Foto. Alles andere wollte sie zurücklegen, wenn sie wieder zu Hause war. Zu Hause. Das war irgendwie weit weggerückt in den zwei Urlaubswochen. Und obwohl äußerlich gar nichts geschehen war, fühlte Fanny: Ich bin nicht mehr dieselbe. Unsicher war sie geworden, voller Vorbehalte, die früher nicht da waren. Die Nachmittage mit Ulrich im Schwimmbad schienen eine Ewigkeit her zu sein.

Ulrich. Jedesmal, wenn sie an ihn dachte, gab es ihr einen Stich im Herzen. Das war anders als bei Antonio. Der tat ihr nur leid, weil er sich mehr Hoffnungen gemacht hatte als angebracht waren.

Schon wollte sie die Mappe schließen und in den Schrank zurücklegen, da fand sie einen winzigen Hinweis, den sie vorher nie beachtet hatte. Ihr Vater hatte auf die Rückseite eines der Blätter eine Telefonnummer geschrieben. Die Vorwahl 030 wies sie als eine Berliner Nummer aus. Davor stand ein großes K, flüchtig hingekritzelt wie bei einem Gespräch. Das konnte doch nur Kleinert bedeuten. Fieberhaft durchblätterte Fanny die Unterlagen in dem Ordner, um weitere Anhaltspunkte zu entdecken. Nichts.

Das wäre ein Ding, dachte Fanny. Sie wickelte den Aktenordner wieder in das Frottierhandtuch und legte das Paket gleich in den Koffer. Morgen würde sie ihn ohnehin packen müssen.

Endlich legte sie sich ins Bett. Aber sie konnte noch lange nicht einschlafen. Ich kann doch hexen, dachte sie. Die Berlinreise paßte jetzt genau in ihr Konzept. Sie war sich fast sicher: Dort werde ich ihn finden, zumindest seine Spur aufnehmen. Und dann?

Dann werde ich es ihm heimzahlen!

Wie denn?

Ich werde ihm alles kaputtmachen, was er liebt!

Nun steigerte sie sich in die Rolle hinein, wie sie ihm entgegentreten würde. Wenn er eine Freundin hatte, mußte sie von seinem Vorleben erfahren. Oder er hatte eine Frau, die seine Vergangenheit nicht kannte: Die Ehe würde kaputtgehen. Und sein Betrieb mußte auch davon erfahren. Alle. Seine Freunde, seine Nachbarn. War das fair? Nach so vielen Jahren?

Es hat mich eingeholt, nach so vielen Jahren. Das ist auch nicht fair!

Fanny wollte nicht mehr mit ihrem Gewissen diskutieren. Sie versuchte, durch Ulrichs Melodien ruhiger zu werden. Immer wieder, wenn sie die Musik hörte, versuchte sie, sich Ulrich am Klavier vorzustellen. Neben der „Träumerei“ hatte er noch andere Stücke auf das Band gespielt, moderne und klassische. Sie liebte alle, und sie kannte jede Stelle, an der Ulrich einen kleinen Fehler gemacht hatte. Diese Stellen liebte sie besonders, weil sie keinen perfekten Ulrich wollte.

Und sie dachte auch an Antonio, dem sie versprochen hatte, den letzten Abend in Rodeneck mit ihm zu verbringen. Sie hatten ausgemacht, daß er sie mit dem Motorrad und in seiner schwarzen Lederkluft am Friedhof abholen sollte. Wie am ersten Abend sollte es sein. Das war Antonios Wunsch. Fanny mußte ein wenig lächeln, weil es so romantisch war. Das paßte nicht zu schwarzer Lederkluft und starker Maschine. Das war eher der Antonio, der verletzt Stefanie sagte, wenn die anderen sie Fanny riefen.

Sie hatte schon alles in ihren Koffer gepackt außer den Sachen, die sie für die Nacht noch brauchte, als sie am nächsten Abend zum Friedhof ging. Sie war oft in den zwei Urlaubswochen dort gewesen. Wenn sie sich hinter der Kirche ins Gras setzte, konnte sie zum Schloß hinübersehen und vor sich hinträumen. Das Schloß paßte zu dieser Landschaft. Genau wie die alte Frau, die von Zeit zu Zeit einige Touristen durch die Räume führte. Fanny hatte sich gewünscht, einmal allein dort umhergehen zu dürfen. Aber alte Schlösser sind nur noch auf vorgeschriebenen Wegen zu besichtigen. Schade, dachte Fanny.

„Schade“, sagte Antonio, der gekommen war, ohne daß sie ihn gehört hatte. „Morgen bist du schon nicht mehr hier.“

„Wir wollen ganz früh los. Und dann fahre ich mit Doris nach Berlin. Mit ihr und dem Steppke.“

„Fahren wir noch eine Runde?“

Fanny nahm nur ungern Abschied von diesem Platz, der ihr Lieblingsplatz geworden war. Die Gräber mit den verschnörkelten Eisenkreuzen hatten nichts Beängstigendes an sich. Und die Sprüche an der Kirchenmauer, die alle auf Amen endeten, waren ihr richtig vertraut geworden. „Ja, fahren wir noch eine Runde“, sagte sie. „Es war schön hier.“

Antonio hatte den zweiten Sturzhelm mitgebracht. Wenig später fuhren sie durch den Ort, dann schmale Straßen nach oben. „Halt mal an!“ rief Fanny. Sie hatten eine besonders schöne Stelle erreicht. Dort wollte sie den Sonnenuntergang erleben. Antonio war einverstanden. Sie saßen im Gras, die Sturzhelme neben sich. Der Junge hatte die Reißverschlüsse seiner Kluft geöffnet, es war noch recht warm an diesem Abend.

„Darf ich dich küssen, Stefanie?“

Wieder dieses Gefühl, eine winzige Sekunde lang. Fanny versuchte, ihr Erschrecken zu überspielen. „Stefanie küßt man nicht. Das tut man nur mit Fanny!“

„Fanny!“ Antonio merkte in seinem Glück nicht, wie sehr sie sich verkrampfte.

„Kommst du wieder?“ fragte er schließlich, als Fanny ihn von sich schob. „Versprich mir, daß du wiederkommst!“

„Vielleicht“, antwortete Fanny. „Wer kann das schon wissen.“

13

„Ludwig ist gestorben“, sagte Doris. Fanny hatte sofort gespürt, daß etwas geschehen war, als sie aus dem Auto stieg. Jetzt fühlte sie sich schuldbewußt, weil sie aufgeatmet hatte, als Doris den Namen Ludwig nannte.

„Um Gottes willen“, sagte Fannys Mutter. „Wie ist denn das passiert?“

„Perforierter Blinddarm.“

Sie gingen ins Haus, nahmen Koffer und Taschen mit. Die Wiedersehensfreude war dahin. Nur Rico ahnte nicht, worum es ging. Er führte Fanny zu „seinem“ Garten, wo die Blume zwischen den Hölzchen prächtig gedieh.

Armer Kleiner, dachte Fanny. Da ist sein Vater gestorben, und er ahnt es nicht einmal.

Doris war verändert. „Wir können erst nach der Beerdigung fahren“, sagte sie. Es klang wie eine Entschuldigung. Fanny nickte nur. Ihr war es recht, wenn sich jetzt keiner um sie kümmerte. So konnte sie auch unbemerkt die Mappe wieder in den Schreibtisch ihres Vaters legen. Das Polaroidfoto behielt sie. Es würde keiner vermissen. Und wenn, dann würde es niemand bei ihr suchen.

Erst spät am Abend fand Fanny Gelegenheit, mit Doris zu sprechen. Sie standen am Bettchen des Kleinen. Das Licht war abgedunkelt. Doris erzählte Fanny die Geschichte von Ricos Blume. „Manchmal muß man ein bißchen schwindeln, um den anderen glücklich zu machen", sagte sie.

Als der Kleine sich unruhig umdrehte, löschte Doris das Licht. Sie gingen in Fannys Zimmer. Die Eltern waren längst zu Bett gegangen. Auch Fanny spürte die lange Fahrt. Sie war müde, aber sie wußte auch, daß sie nicht schlafen konnte. Im Urlaub, mit Tonio, hatte sie oft das Gefühl gehabt: Es ist ja alles wie sonst. Aber hier holte sie alles wieder ein. Sie wollte nicht darüber sprechen, brannte aber vor Ungeduld darauf, Doris würde etwas von Ulrich erzählen.

Die hatte andere Sorgen. „Ich werde den Steppke eine Weile hierlassen", sagte sie. „Damit Ludwigs Eltern ihn ab und zu haben können. Mama ist das auch recht..."

Sie schwieg eine ganze Weile, bevor sie weiterredete. „Man sieht alles anders, wenn es endgültig ist", setzte sie schließlich ihren Gedankengang fort.

„Hättest du Ludwig denn geheiratet?"

„Nein, das nicht. Aber ich wäre nicht so... so hart gewesen. Rico ist doch auch sein Sohn..."

Später erzählte Fanny von Antonio, in der Hoffnung, etwas über Ulrich zu hören. Aber Doris schwieg. Schließlich hielt Fanny es nicht mehr aus. „Hat Ulrich mal angerufen?"

„Sollte er das?"

Fanny war traurig. So schnell also hatte er aufgegeben. Sie täuschte Müdigkeit vor, damit Doris sie allein ließ. Aber sie war hellwach. Sie mußte ihre Pläne umstellen, wenn sie nicht sofort nach Berlin fuhren.

Als erstes fahre ich nach Diedingen, nahm sie sich vor. Dort werde ich die Wege gehen, die ich als Kind kannte. Und im Nachbarort wohnt sie, seine Mutter. Wenn sie noch dort wohnt.

Ob die Brombeerhecke noch da ist? Jetzt wußte sie, warum sie sich immer vor Brombeeren geekelt hatte. Seit diesem Tag damals. Sie konnte sich nicht auf ihr Problem konzentrieren. Immer schoben sich andere Gedanken dazwischen. Doris zum Beispiel, die so verändert schien, sich intolerant schalt, weil sie Ludwig so wenig Gelegenheit gegeben hatte, mit dem Steppke zusammenzusein. Galten da andere Regeln, wenn erst einer gestorben war? Warum ließ Doris den Kleinen jetzt da? Wollte sie etwas gutmachen, was nicht mehr gutzumachen war?

Und was war mit Ulrich? Gab er sie so schnell auf?

Ruf mich morgen an! Diesen Wunsch-Befehl sagte Fanny wohl hundertmal in dieser Nacht. Zweifel und Eifersucht mischten sich dazwischen. Was war, wenn ihm gar nichts mehr an ihr lag, wenn er eine gefunden hatte, die sich nicht so kompliziert gab wie sie? Dagmar beispielsweise.

Fanny wurde den Gedanken an die Freundin nicht mehr los.

14

Es war noch früh am Morgen, als Fanny Dagmar herausklingelte.

„Spinnst du!“ Dagmar war unausgeschlafen und sah schlecht aus. „Ich fühl mich nicht gut“, entschuldigte sie sich. „Ich lege mich gleich wieder hin.“

Fanny ließ sich nicht abwimmeln. Sie schickte Dagmar zwar ins Bett, brühte ihr aber einen Pfefferminztee auf und setzte sich dann zu ihr. „Was ist los?“

„Ach nichts, wir haben ein bißchen gefeiert. Meine Eltern sind doch im Urlaub.“ Dagmar lachte verlegen.

Fanny schaute sich um. Nach Feiern sah es in der Wohnung nicht aus. Höchstens nach Besuch. In der Spüle hatte sie nur zwei Gläser gesehen. Sie wurde sofort mißtrauisch.

„Wer ist denn der Glückliche?“ fragte sie. „Oder ist das noch ein Geheimnis?“

Dagmar lachte wieder. Es klang gekünstelt. Das war Fanny nicht an ihr gewöhnt. „Wirst es schon mitkriegen. Bis dahin top-secret.“

Mehr war aus ihr nicht herauszukriegen. Um so mißtrauischer wurde Fanny. „Warst du oft baden?"

„Das Wetter war nicht immer danach."

Fanny kam mit ihren vorsichtigen Fragen nicht weiter. Sie war auch aus einem anderen Grund gekommen. „Bleibst du heute den ganzen Tag im Bett?"

„Keine zehn Pferde bringen mich raus!" behauptete Dagmar.

Das wollte Fanny nur wissen. „Ich muß nämlich was erledigen, und da könnte ich sagen, daß ich mit dir..."

„Okay!" Dagmar lachte, und das klang jetzt wieder so wie früher. Da war kein falscher Unterton mehr dabei. „Wie lange wird's dauern?"

„Den ganzen Nachmittag vielleicht..."

Ja, so lange würde das bestimmt dauern. Vorher aber wollte Fanny noch telefonieren. Deshalb ließ sie Dagmar bald wieder allein. Die protestierte zwar, weil Fanny noch gar nichts von ihrem Urlaub erzählt hatte, aber dazu war jetzt keine Zeit.

Ihr erster Anruf galt Ulrich. Sie hatte Pech, es meldete sich niemand. Beim zweiten Anruf meldete sich eine Firma in Berlin.

„Wer ist da?" fragte Fanny, weil sie in der Aufregung nicht richtig mitbekommen hatte, wie die Firma hieß.

„Spedition Kregelmeister."

„Entschuldigung, falsch verbunden." Fanny legte auf. Was hatte eine Speditionsfirma in den Aufzeichnungen ihres Vaters über den Fall Kleinert zu suchen?"

Sie konnte nicht länger telefonieren, ohne aufzufallen. Dafür gelang es ihr, für den Nachmittag eine Radtour mit Dagmar vorzutäuschen, ohne daß jemand genauer fragte. Thema eins war Ludwigs Tod und das Begräbnis.

Gleich nach dem Mittagessen fuhr Fanny los. Sie wußte, daß sie etwa zwölf Kilometer vor sich hatte. Unterwegs hielt sie noch einmal an einer Telefonzelle und rief Ulrichs Nummer an.

„Ja, bitte?"

Es war Ulrich. Fannys Herz machte einen Stolperer, als er sich so plötzlich meldete. „Hallo!"

Nein, reden wollte Fanny nicht mit ihm. Nur seine Stimme hatte sie hören wollen. Sie hängte den Hörer wieder ein. Dann fuhr sie weiter. Schneller als sie dachte, war sie da. Sie war nur ein paarmal mit den Eltern durchgefahren. Gehalten hatten sie nie. Nun stieg Fanny vom Rad und schob es durch die Straßen des kleinen Ortes. Vieles erkannte sie nicht wieder, vielleicht war es neu gebaut worden. Aber das Haus war noch da, in dem sie ihre Kinderjahre verlebt hatte, und auch die Nachbarin, Frau Stetten.

„Guten Tag, Frau Stetten!"

Die alte Frau schaute überrascht von ihrer Gartenarbeit auf. „Guten Tag!" Ihr Blick verriet, daß sie Fanny nicht erkannte.

„Ich bin doch die Fanny, die Fanny Melchert."

Frau Stetten kam an den Zaun. „O mein Gott, die

Fanny! Dich hätte ich nicht wiedererkannt. So eine junge Dame! Nicht zu fassen, wie die Zeit vergeht."

„Ja, wir sind ja auch schon fast acht Jahre weg von hier."

Frau Stetten bat Fanny zu sich herein. Fanny hatte oft bei ihr in der Laube gesessen, daran erinnerte sie sich jetzt. Und auch den Geschmack des Johannisbeersaftes erkannte sie sofort wieder. Das tat gut nach der Fahrt auf der staubigen Straße.

„Ich hab so oft dran denken müssen, wie du das wohl alles verkraftet hast." Frau Stetten berührte von selbst das Thema, das Fanny nicht gewagt hatte, anzuschneiden.

„Es ist lange her", antwortete Fanny. Es sollte gleichgültig klingen, sie hatte jedoch das Gefühl, als müsse sie die Worte aus sich herausquetschen.

„In so einem kleinen Nest bleibt ja nichts verborgen", sagte Frau Stetten. „War schon richtig, daß ihr damals gleich weggezogen seid. Die Kleinerts sind ja auch weg, gleich nachdem..."

„Die wohnen gar nicht mehr hier?" Fanny war enttäuscht.

„Nein, die Mutter und die Oma sind gleich nach dem Prozeß weg. Die Oma soll unterdessen gestorben sein, sagt man."

„Und der – Junge?" Fanny mußte sich zwingen, die Frage zu stellen. Sie hatte Angst, den Namen auszusprechen.

„Der Jürgen? Der hat gesessen, in der Jugendhaft, weißt du ja. Und dann soll er nicht mehr zu seiner Mutter zurückgegangen sein, sagt man. Aber die Leute reden viel."

„Hatte die Mutter wirklich so großen Einfluß auf ihn?" bohrte Fanny nach.

„Vernarrt war die in ihn! Eifersüchtig auf alle, die ihm zu nahe kamen. Immer der beste und schönste sollte er sein – natürlich nur für sie. Die Oma hat in das gleiche Horn getutet. Und wenn er mal eine Freundin hatte, haben sie sie vergrault. Keine war gut genug." Die alte Frau redete sich richtig in Rage.

Dadurch erfuhr Fanny in einer halben Stunde mehr als all die Zeit vorher. Frau Kleinert war geschieden, der Mann war weggegangen, als der Junge ein Jahr alt war. Er hatte sich nie um den Sohn gekümmert. Ihre ganze Liebe galt nun dem Jürgen, der für sie so etwas wie Partnerersatz wurde. „Am liebsten hätte sie ihn vergolden lassen. Dafür verlangte sie aber auch Dankbarkeit..."

Fanny wußte nun genug, um sich ein Bild über diesen Jürgen Kleinert machen zu können. Sie verabschiedete sich von Frau Stetten, und es gelang ihr sogar, der alten Frau ein fröhliches unbeschwertes Mädchen vorzuspielen.

Wenig später schob sie das Rad den Weg zum Waldrand hinauf. Was ihr im Dorf verändert vorgekommen war, sah von der kleinen Anhöhe her unverändert aus.

Sie erkannte die Konturen wieder, atmete tief die Luft ein, die ihr vertraut vorkam. Sommer, Wärme, Wald.

Oben angekommen, stellte sie das Fahrrad an einen Baum. Die Brombeerhecke war noch da.

Oft war sie als Kind hier gewesen. Und gern war sie in Gedanken mit den Wolken davongesegelt, die über das Dorf zogen. Und dann war sie auch weggezogen. Nachdem *es* geschehen war. Fanny versuchte, sich das alles vorzustellen. Aber es gelang ihr nicht, nur die Brombeerbüsche aus ihren Alpträumen waren da. Sie war danach lange im Krankenhaus gewesen, das wußte sie aus den Akten. Aber war sie hierher nach Hause gekommen oder schon in das neue Haus?

Nur daran erinnerte sie sich: Es war schwer gewesen, in die neue Schule zu gehen. Ich war fremd, die anderen hatten Freunde. Und das Haus war so neu, in das wir zogen. Nicht ein einziger Baum stand damals dort. Keine Ecke, die ich kannte. Und überallhin hat mich Mama begleitet. Nie durfte ich allein etwas unternehmen. „Mamakind!" haben die anderen mir nachgerufen.

Fanny hielt es nicht mehr aus an der Stelle, die einmal ihr Lieblingsplatz gewesen war. Sie fuhr den steinigen Feldweg hinunter und wäre froh gewesen, wenn sie mit dem Rad gestürzt wäre. Dann hätte sie einen Grund für ihre Tränen gehabt.

15

Ulrich wußte von Doris, wann Fanny wieder aus dem Urlaub zurückkam. Am liebsten wäre er zu ihr gegangen und hätte gesagt: Komm, Fanny, fangen wir neu an. Aber vielleicht wollte sie das gar nicht. Oder sie konnte es nicht. Am besten, er lief ihr in Berlin ganz zufällig über den Weg.

Seine Eltern akzeptierten, daß er allein wegfahren wollte.

„Muß es ausgerechnet Berlin sein?" hatte seine Mutter nur eingewandt. „Es gibt schönere Ferienziele."

„Es muß!" gab Ulrich einsilbig zur Antwort. Und weil er das so bestimmt sagte, gab es auch keine Debatte mehr darüber. Er war achtzehn, nächstes Jahr machte er das Abitur, dann würde er ohnehin eigene Wege gehen.

Studieren, das stand für ihn fest. Am liebsten was mit Computertechnik. Als Ausgleich für die Technik hatte er seine Musik. Seine Eltern hatten immer geglaubt, er würde sich für einen künstlerischen Beruf entscheiden. Aber Ulrich spürte seine Grenzen. Klavierspielen ja.

Zum Spaß, aus Freude an der Musik und am eigenen Können. Aber zum Beruf machen?

Seit einigen Jahren interessierte er sich für Elektronik. Computerspiele – das hatte ihm als 14jährigem Spaß gemacht. Jetzt entwickelte er längst eigene Programme. Am Klavier und am Computer verbrachte er fast seine ganze Freizeit.

Wenn er sich ans Klavier setzte, geschah es oft, daß er die Melodien spielte, die er Fanny auf Band gegeben hatte. Ob sie seine Musik hörte? Oder hatte sie es längst vergessen?

Die Mädchen, mit denen Ulrich bisher zusammengewesen war, hatten ihn gleichgültig gelassen. Es waren Flirts, manchmal ein bißchen mehr. Aber er hatte nie das Gefühl gehabt, daß es tiefer ging. Bei Fanny war das anders.

Sie ist anders, dachte er. Fanny kann zuhören, Gedanken mitdenken, sie kann lustig sein und ernst, aber immer ist es echt. Da ist nichts Gespieltes dabei. Sie ist immer Fanny.

Noch nie hatte Ulrich für ein Mädchen Opfer gebracht. Jetzt tat er es. Die Berlinfahrt war nicht geplant. Er hatte durch seinen Ferienjob Geld verdient, weil er sich einen besseren Drucker für seinen Computer kaufen wollte. Jetzt überlegte er, ob er für das Geld ein gebrauchtes Motorrad...

Nein. Es mußte auch anders gehen. Ulrich machte Kassensturz und zweigte eine Summe ab. Mehr durfte für Berlin nicht draufgehen. Und der Drucker mußte eben warten bis nach den Herbstferien.

Er entschloß sich, nach Berlin zu trampen. Dafür suchte er sich die kürzeste Route auf dem Autoatlas aus. Dann packte er seinen Rucksack.

Mitten in seine Überlegungen hinein kam der Anruf von Doris. „Wir können erst am Donnerstag losfahren."

„Warum? Ist was passiert?"

„Ja. Ricos Vater ist gestorben. Ich werde bis zur Beisetzung hierbleiben."

Ulrich war nach dem Telefonat etwas ratlos. Er hatte seinen Eltern gesagt, daß er gleich am nächsten Tag losfahren wollte. Sie würden nun Fragen stellen. Aber er war nicht bereit, mit jemandem darüber zu sprechen. Seine Probleme hatte er immer allein in den Griff bekommen.

„Ich fahre erst zum Wochenende", erklärte er seiner Mutter, die ihm schon die Reiseverpflegung zurechtlegen wollte. „Da hat sich was geändert."

Keine Frage, nur ein aufmerksamer Blick seiner Mutter. Wenn du willst, sprich darüber, sollte das heißen. So hatten sie es immer gehandhabt.

„Sie heißt Fanny", sagte Ulrich nur. „Und sie braucht mich jetzt."

Mehr wurde darüber nicht gesprochen. Aber die Eltern wußten nun Bescheid.

Als Ulrich sich am Freitag früh auf den Weg machen

wollte, fuhr sein Vater das Auto aus der Garage. „Ich bringe dich bis zur Autobahnraststätte“, sagte er.

Ulrich lächelte ein bißchen, weil er die Sorgen der Eltern spürte. Aber er war auch froh darüber. Da half einer dem anderen ohne große Fragerei und auch ohne große Worte. Das war schon immer so zwischen ihnen gewesen.

„Es wäre schön, wenn du immer bei uns sein könntest, nicht nur im Urlaub und zweimal im Monat an den Wochenenden“, sagte er.

Hermann Kändler nickte nur. Ulrich sah sein Gesicht im Profil. Und er dachte: Dies alles zehrt an seiner Substanz. Er ist so mager geworden, und die Falten sind tiefer.

An der Raststätte stieg Ulrich aus. „Danke, Vater. Bist ein prima Kumpel.“

„Paß auf dich auf, Junge. Und wenn du Probleme hast, ruf an.“

Ulrich schaute ihm nach, als er von der Autobahn abfuhr. Jetzt mußte er sehen, wie er weiterkam.

Er hatte Glück. Junge Leute nahmen ihn das nächste Stück mit. Er mußte nicht lange warten, und vor allem: Er mußte nicht viel erzählen. Die beiden hatten selbst genug Gesprächsstoff.

Bald werde ich Fanny sehen, dachte er. Bald.

16

Fanny wußte nicht, was sie von diesem Zufall halten sollte. Gleich am zweiten Tag ihres Berlinaufenthaltes kam ihr auf der Straße Ulrich entgegen.

Wenn Fanny einen Menschen auf keinen Fall in Berlin vermutet hätte, dann ihn. „Wie kommst du denn hierher?" Die Überraschung ließ sie vergessen, was zwischen ihnen lag.

Ulrich lachte. „Es muß doch einer auf dich aufpassen in diesem Großstadtsumpf, Funny Fanny."

So leicht machte sie es ihm aber nicht. Sie war verärgert, daß Doris hinter ihrem Rücken etwas mit Ulrich ausgemacht hatte.

„Und wo wohnst du?" fragte sie nur.

Ulrich war über ihre Reaktion etwas enttäuscht. Ein bißchen Freude hatte er schon erwartet.

„Ich hab eine Tante hier in Berlin, so um drei Ecken verwandt. Begeistert war die nicht gerade, als ich hier auftauchte. Aber ich darf in ihrer Schrebergartenlaube wohnen."

„Du machst Sachen! Und nun?“ fragte sie.

„Fangen wir noch mal von vorn an.“

Fanny wußte nicht, wie sie sich verhalten sollte. Einerseits hatte sie sich nach Ulrich gesehnt, andererseits wollte sie ihn erst wiedersehen, wenn sie mit sich selbst klargekommen war. Aber würde Ulrich warten, bis sie ihr Problem gelöst hatte? Einen Augenblick lang tauchte Dagmar vor ihren Augen auf. Die würde nicht zögern, ihre Stelle bei Ulrich einzunehmen. Oder hatte sie das vielleicht in der Zwischenzeit schon getan?

Nein, dann wäre Ulrich sicher nicht hier.

„Hallo“, sagte sie. „Ich dachte gar nicht, dich hier zu treffen.“

Ulrich ging auf das Spiel ein. „Ich bin jeden Nachmittag hier, wußtest du das nicht?“ sagte er wie damals im Schwimmbad.

Fanny lachte. „Du wolltest doch nicht wegfahren, weil du das Geld vom Ferienjob für deinen Computer sparen…“

Ulrich ging auf diese Zwischenfrage nicht ein. „Du mußt mir eine Cola anbieten“, sagte er. „So ging das doch weiter.“

Wenig später saßen sie in einem Gartenlokal und tranken Kaffee. „Eigentlich schön, daß du hier bist“, gestand Fanny. „Ich weiß nur nicht, wie es mit uns weitergehen soll.“

Ulrich dachte, sie meine den letzten Abend mit ihm und das, was nach der Disco passiert war. „Wird nicht mehr vorkommen, solange du es nicht selbst willst", versprach er. Er nahm seine Brille ab und putzte umständlich an den Gläsern herum.

Fanny wurde ganz weich zumute, als sie sein Gesicht so sah. Ohne Brille wirkte er verletzbar, ungeschützt, gar nicht selbstbewußt. Sie nahm ihm die Brille aus der Hand und legte sie zwischen sich und Ulrich auf den Tisch. „Du hast mich doch gern, Ulrich, nicht wahr?"

„Wäre ich sonst hier?"

„Ich werde dir jetzt erzählen, was mit mir los ist, aber es wird dir wehtun. Und vielleicht hast du mich dann nicht mehr gern."

Ulrich setzte seine Brille wieder auf. „Du mußt jetzt nicht darüber reden, Fanny. Erst wenn du es wirklich willst. Ich werde Geduld haben und Zeit, so viel du brauchst."

Fanny wollte sprechen. Nur die Fakten wollte sie loswerden, nicht ihre Gefühle dazu. Sie sprach sehr sachlich, aber Ulrich merkte, wie sehr sie sich zusammennahm. „Und jetzt werde ich diesen Kerl suchen", schloß sie ihren Bericht.

Ulrich hatte sie nicht unterbrochen. Der letzte Satz, den sie voller Haß hervorstieß, hob sich gegen die vorherige Sachlichkeit ab. „Was willst du damit erreichen, Fanny? Dadurch ändert sich nichts. Du mußt damit fertig werden, wir müssen..."

„Begreifst du denn das nicht?" Fanny sprang erregt auf. „Wozu habe ich dir das nun alles erzählt? Damit du mir sagst, ich soll das alles vergessen? Genau wie meine Eltern!“

Ulrich fühlte sich hilflos bei diesem Gefühlsausbruch. Vielleicht hatte sie recht, vielleicht mußte sie diesen Mann wirklich sehen, sich an alles erinnern. „Wie kann ich dir helfen?“ fragte er.

Nur langsam beruhigte sich Fanny. „Ich hab mir Notizen gemacht, aus den Unterlagen meines Vaters. Eine Telefonnummer habe ich, von einer Spedition Kregelmeister, hier in Berlin. Vielleicht ist das ein Anhaltspunkt. Ich konnte zum Wochenende noch niemanden erreichen.“ Sie erzählte nun Einzelheiten, auch von ihrem Besuch im Dorf und dem Gespräch mit der ehemaligen Nachbarin. Und von der Brombeerhecke.

„Ich verstehe dich“, sagte Ulrich. „Aber versprich mir: Unternimm nichts allein.“

Fanny nickte nur. Sie wußte nicht, ob sie das Versprechen einhalten konnte. Aber sie wußte, wie gut es ihr tat, daß Ulrich ihr Problem jetzt kannte und ihr helfen wollte. „Ich schreibe dir alles auf einen Zettel, was du wissen mußt“, sagte sie. „Aber ob es uns beiden hilft, das weiß ich nicht.“

Ulrich brachte sie nach Hause. Sie verabredeten sich für den nächsten Nachmittag. „Ich habe das Band mit“, sagte Fanny. „Das habe ich oft gespielt.“

„Funny Fanny“, sagte Ulrich. „Ich möchte dich jetzt dafür küssen. Aber ersatzweise könntest du mir das T-Shirt waschen. Es wäre nötig!“

„Bring's mit!" Fanny wußte, damit wollte er ihr nur sagen, daß er ihr T-Shirt oft getragen hatte. Sie nahm die drei Treppenabsätze bis zu Doris Wohnung in einem Anlauf. Er liebt mich, er liebt mich nicht, er liebt mich...

„Bist du es, Fanny?" Doris schaute von ihrer Arbeit kaum hoch.

„Wer denn sonst? Wie viele Leute in Berlin haben denn noch deinen Wohnungsschlüssel?" Fanny setzte sich Doris gegenüber und nahm ihr die Zeichenkohle aus der Hand. „Du bist mir vielleicht eine!" schimpfte sie.

„Ulrich?"

„Genau!"

Doris atmete auf. Ganz schiefgegangen konnte die Begegnung nicht sein. So sah Fanny nicht aus. „Sollte ich den Jungen vor Liebeskummer krank werden lassen?" fragte sie. „Da habe ich ihm eben den Tip gegeben, den mit Berlin."

„Und sonst?"

„Was sonst?" Doris arbeitete weiter. „Ich hab nicht viel Zeit, dir Berlin zu zeigen. Ist viel liegengeblieben. Und das mit Ulrich ist doch eine passable Lösung. Oder?"

„Vielleicht", sagte Fanny nur. „Gute Nacht."

Doris hatte wirklich wenig Zeit für Fanny. Während ihrer Abwesenheit hatte sich viel angesammelt. Post war zu beantworten, Telefonate mußten geführt werden, neue Entwürfe für die Auftraggeber waren zu machen.

Am ersten Abend hatten sie ein langes Gespräch gehabt.

„Du bist verändert, wirkst nicht mehr so sicher wie früher", fand Fanny.

„Du auch, Fanny."

„Das hat aber nichts mit uns zu tun, nicht wahr?"

„Nein. Zwischen dir und mir hat sich nichts geändert, aber um uns herum."

Doris plagte sich mit Vorwürfen, die Ludwig betrafen. „Er hatte den Steppke gern, vielleicht auch mich. Aber ich dachte immer, die große Liebe wäre anders, die müßte erst noch kommen. Ich hatte Angst vor einer festen Bindung."

Fanny konnte gut zuhören. Sie unterbrach ihre Schwester nur selten mit einer Frage. Aber dann sagte sie doch: „Das alles war nicht vorauszusehen. Wer denkt denn schon an so was. Blinddarm – einfach was so Alltägliches. Vielleicht wäre zwischen euch doch alles noch anders gekommen."

Doris hatte für Fanny das Sofa in Ricos kleinem Zimmer hergerichtet. Dort schlief sie selbst oft, wenn der Kleine krank war, oder einfach, wenn sie seine Nähe spüren wollte. Fanny dachte: Der Steppke fehlt ihr jetzt schon. Sie wird ihn bald wieder holen. Vielleicht denkt sie auch an Ludwig, wenn sie den Kleinen bei sich hat. Er war da, wenn sie ihn brauchte, stellte keine Forderungen an sie. Und jetzt hinterläßt er plötzlich eine Lücke.

An dieses Gespräch vom ersten Abend in Berlin mußte Fanny jetzt denken. Auch daran, daß Doris Angst vor zuviel Liebe gehabt hatte, Liebe, die sie abhängig machen könnte. Sie hatten auch darüber gesprochen, warum Doris, gerade achtzehnjährig, von zu Hause weggegangen war. „Mama hat über mich bestimmt – aus Angst. Das hielt ich nicht aus. Es gab dauernd Streit. Ich fühlte mich gegängelt, beobachtet."

„Siehst du", hatte Fanny sich ereifert, „daran ist auch dieser Kleinert schuld. Er hat uns alle getroffen. Sonst wären wir eine ganz normale Familie geblieben."

„Wer weiß", sagte Doris. „Bei uns wurde immer alles totgeschwiegen. Aber ich will nicht den gleichen Fehler machen wie Mutter. Deshalb muß ich den Steppke von Zeit zu Zeit – loslassen. Verstehst du das? Auch wenn es mir weh tut. Und diesmal bin ich die Mutter."

„Ach, Doris! Ein Glück, daß wenigstens wir über alles sprechen können."

Über alles doch nicht, dachte Fanny. Doris will nicht, daß ich den Kleinert finde...

Morgen werde ich Ulrich wiedersehen, schrieb sie in ihr Notizbuch. *Ich bin unsicher, ob es gut ist, daß er alles weiß. Vielleicht stört es ihn doch, nicht jetzt, aber später, und er will es mich nicht spüren lassen. Mitleid will ich nicht. Aber froh bin ich doch, daß Ulrich hier ist. Am liebsten würde ich ihn in seiner Laube besuchen...*

17

Das tat sie schon am nächsten Nachmittag. Es regnete. Fanny wollte Doris nicht stören, die hatte eine Menge Arbeit auf dem Hals und erwartete einen Auftraggeber zum Gespräch.

„Hast du eine Idee, wohin wir bei dem Sauwetter gehen könnten?“ fragte Ulrich, als er sie abholte. „Kino oder so?“

„Gartenlaube!“ sagte Fanny. Sie schaute Ulrich dabei nicht an. Sie hatte Angst davor, wie er reagieren würde.

„Warum nicht? Aber stell dir keinen Palast vor.“

Sie fuhren ein Stück mit der U-Bahn, dann stiegen sie in einen Bus um. Die Gartenkolonie lag weit draußen. Sie waren ganz durchnäßt, als sie ankamen. Ulrich schaltete den kleinen elektrischen Heizlüfter an. „Zieh das nasse Zeug aus“, sagte er. „Ich geb’ dir einen Pullover von mir.“

Er machte sich an der Kochplatte zu schaffen, als Fanny sich umzog. Sie hängte ihre nassen Sachen über eine Leine in der Küchenecke. „Ist gemütlich hier", sagte sie.

Dann tranken sie Tee und aßen Knäckebrot dazu. „Ich hatte nicht geglaubt, daß du hier jemals sitzen würdest", entschuldigte sich Ulrich. „Sonst hätte ich mehr anzubieten."

„Ich bin doch nicht hergekommen, um ein fürstliches Mahl einzunehmen." Fanny versuchte, ihre Unsicherheit wegzureden. Sie kramte umständlich in ihrer Tasche herum, obwohl sie genau wußte, wohin sie den Zettel mit den Angaben über Kleinert gesteckt hatte. Schließlich legte sie ihn auf den Tisch.

Ulrich fragte, sie antwortete. Viel mehr konnte sie nicht an Fakten hinzufügen. „Okay. Ich kümmere mich darum. Aber jetzt laß uns von was anderem reden."

Fanny konnte sich nicht so schnell von ihrem Problem lösen. Endlich hatte sie jemanden, mit dem sie darüber sprechen konnte, und da sollte sie an anderes denken?

„Du hast dich verändert, Fanny", sagte Ulrich. „Du denkst nur noch an..."

„Kleinert!" Fanny wandte den Kopf ab, damit Ulrich nicht sehen konnte, wie sie das Weinen zu unterdrücken versuchte. Er schien es nicht zu bemerken und sprach weiter: „Was willst du denn tun, wenn du den Mann gefunden hast?"

Fanny drehte ihm nun doch den Kopf zu. Es war sowieso nicht zu übersehen, daß sie weinte. „Ich werde ihm sein Leben kaputtmachen. Genauso wie er meins…"

„Fanny!" Ulrich war ratlos über so viel Haß. Er setzte sich zu ihr auf die Bank hinter dem Tisch. Wenigstens ausweinen sollte sie sich bei ihm können, vielleicht war dann schon vieles besser. Er legte seinen Arm um sie und spürte, wie sie zitterte. „Wird ja alles wieder gut", tröstete er sie. „Ich helfe dir ja. Hör nur endlich auf zu weinen."

Es dauerte aber eine ganze Weile, bevor Fanny sich beruhigt hatte.

„Mit deinen Racheplänen änderst du gar nichts", sagte Ulrich. „Du machst dich nur selber krank dadurch."

Es hatte aufgehört zu regnen. Ulrich stellte zwei Gartenstühle vor die Laube. Es roch nach frischer Erde. Wenn man von den Dauergeräuschen absah, die immer in einer großen Stadt sind, war es hier direkt ruhig. Aus anderen Lauben kamen Leute und werkelten in ihren Gärten. Ab und zu ging einer am Gartentor vorbei, schaute kurz zu Fanny und Ulrich hinüber und grüßte freundlich.

„Es ist schön hier", sagte Fanny. „Ich werde dich bestimmt noch öfters besuchen."

Ulrich lachte. „Denk dran, in ein paar Tagen ist die Berlinzeit vorbei, dann fängt die Schule wieder an."

„Das ist alles so weit weg, als ob es Jahre wären." Fanny wollte nicht an zu Hause denken.

Als sie gingen, zeigte Ulrich ihr, wo der Schlüssel hinterlegt wurde. „Falls du mal kommst, und ich bin nicht da."

Bei Doris angekommen, aßen sie zu dritt Abendbrot. Das Thema Kleinert wurde nicht berührt. Fanny telefonierte mit ihren Eltern, und auch Ulrich rief zu Hause an.

Fanny wurde immer stiller. Sie dachte: Das ist alles so normal. Als ob überhaupt nichts geschehen wäre. Die beiden reden über alles mögliche, nur nicht über Kleinert. Wie die Katze um den heißen Brei gehen sie um das Thema herum.

Sie hatte sich angewöhnt, das Wichtigste vom Tag in ihr Notizbuch einzutragen. ... *Wenn* das *nicht wäre, könnten wir wunderschöne Tage miteinander haben. Ich denke, wir würden viel Zeit in Ulrichs Gartenlaube verbringen. Aber Ulrich wagt kaum noch, mich anzufassen. Manchmal legt er seinen Arm um mich oder er gibt mir einen winzigen Kuß. Dabei komme ich mir so verlassen vor. Das ist nicht Ulrich, wie er vor ein paar Wochen war. Auch er hat die Fröhlichkeit verloren. Ich denke, ich bringe allen Leuten nur Traurigkeit. Auch Antonio ...*

Sie steigerte sich so in dieses Gefühl hinein, daß ihr ganz schlecht wurde. Ihr Herz schlug wie ein Hammer, und der Kopf schmerzte. Ich werde noch krank, dachte sie. Ulrich hat recht. Aber sosehr sie sich auch mühte, sie konnte ihre Gedanken nicht mehr kontrollieren. Immer wieder kreiste alles darum, wie sie Kleinert finden konnte und was sie ihm antun würde.

Sie dachte sich Gespräche aus: – Sind Sie Jürgen Kleinert?

– Ja, warum?

– Du wolltest mich totschlagen!

– Nein, nein – ich war von Sinnen vor lauter Angst. Ich wußte gar nicht, was ich tat...

– Allen werde ich es sagen, die mit dir zu tun haben. Keiner wird mehr zu dir halten. Allein wirst du sein und traurig. Wie ich...

Fanny führte diese Gespräche im Halbschlaf, schlug auf Kleinert ein, der nie ein Gesicht besaß, nur eine blaustichige Stelle, undeutlich wie auf dem Polaroidfoto. Sie schlug so lange auf ihn ein, bis er sich nicht mehr rührte. Dann erwachte sie schweißgebadet. Ich hätte ihn jetzt auch erschlagen, dachte sie verstört.

18

Am nächsten Morgen rief Ulrich an. „Ich habe eine Spur. Wenn ich nicht rechtzeitig zurück bin, warte auf mich in der Laube."

„Ist er in Berlin?"

„Ich weiß es nicht genau, Fanny. Es ist nur eine Vermutung." Aber trotz ihres Drängens erfuhr sie nichts weiter. „Bis heute nachmittag."

„Sitz nicht immer hier rum, schau dir Berlin an", mahnte Doris. Unlustig machte sich Fanny zum Weggehen fertig. „Ich esse unterwegs was, dann fahre ich zu Ulrich raus", sagte sie. „Mach dir keine Sorgen, wenn es spät wird."

Aber Doris machte sich Sorgen. Sie hatte ein Telefongespräch mit angehört. Und das Telefonbuch war unter K aufgeschlagen. Kleinerts gab es viele in Berlin. Auch zwei, die Jürgen hießen. Fanny hatte dort angerufen und Grüße vorgegeben, die sie ausrichten sollte. Doris hatte ihr den Hörer aus der Hand genommen. „Laß diesen Unsinn, Fanny."

Fanny fuhr mit der U-Bahn bis zum Kurfürstendamm, stieg aber so aus, daß sie ein großes Stück zu Fuß gehen mußte, um bis zur Gedächtniskirche zu kommen. Jetzt machte ihr das direkt Spaß. Nur Ulrich fehlte ihr. Sie nahm sich vor, abends mal mit ihm hierher zu gehen. Es war längst Mittag, als sie auf einer der Bänke an der Kirche ausruhte. Neben ihr saß eine Frau und las in einer Zeitung. Unbewußt schaute Fanny auf die dicken Überschriften. Es traf sie unvorbereitet, als sie die rot unterstrichene Schlagzeile las: *Sittlichkeitsverbrecher erwürgte zweites Opfer.*

Kleinert! dachte sie im ersten Augenblick. Und danach: Unsinn. Solche Meldungen gibt es Tag für Tag.

Sie bat die Frau um die Zeitung. „Nur einen Augenblick. Ich möchte etwas genau lesen."

Die Polizei bat um Mithilfe der Bevölkerung. Bei dem Täter handelte es sich um einen einschlägig Vorbestraften, Mitte 20, groß, schlank. Verstört gab Fanny die Zeitung zurück. „Danke."

Kleinert! dachte sie wieder. Und dann: Ich bin verrückt. Ich sehe schon Gespenster.

Sie stand auf, weil sie es unter den vielen Menschen nicht mehr aushielt. Um sich zu beruhigen, ging sie in die Kirche. Nicht nur um zu beten, nein. Nachdenken wollte sie. Das blaue Halbdunkel hüllte sie ein, ließ sie unsichtbar werden. Sie war eine unter denen, die hier Zuflucht suchten, anonym blieben mit ihren Sorgen, ihren Zweifeln, ihren Hoffnungen.

Langsam kamen ihre Gedanken zur Ruhe. Ich muß ihn finden, dachte sie. Der darf nicht noch mehr Unheil anrichten.

Immer mehr steigerte sie sich in den Gedanken hinein, daß es sich um diesen Kleinert handeln mußte. Sie hatte es ja in der Zeitung gelesen: einschlägig vorbestraft, Mitte 20, groß.

Als sie aus dem blauen Halbdunkel wieder auf den Platz hinaustrat, war ihr Entschluß gefaßt: Ich werde ihn finden und ihn der Polizei übergeben. Jetzt geht es nicht mehr nur um mich.

In der nächsten Telefonzelle wählte sie die Nummer, die in der Zeitung angegeben war: „Sie wollten die Mithilfe der Bevölkerung", sagte sie. „Er heißt Kleinert, Jürgen Kleinert. Und einschlägig vorbestraft ist er auch."

„Bitte sagen Sie mir Ihren Namen", bat der Polizeibeamte.

„Der tut nichts zur Sache. Sie werden doch wohl einen Mann in Berlin finden, auf den die Fakten zutreffen."

„Von wo aus rufen Sie an?"

Fanny hängte den Hörer ein. „Bürokraten!" schimpfte sie. „So werden die nie einen Verbrecher finden."

Sie fuhr zu Ulrich in die Gartenkolonie. Während der Fahrt dachte sie über die nächsten Schritte nach. Sie hatte sich eine Zeitung gekauft und den Artikel herausgerissen.

Ulrich war gerade zehn Minuten da, als Fanny durch das Gartentor kam. „Er ist es!“ rief sie aufgeregt. „Schau dir das an!“

Ulrich las den Artikel. „Von wann ist die Zeitung?“ wollte er wissen.

„Von heute! Er ist es!“

Ulrich schüttelte den Kopf. „Du siehst schon Gespenster, Fanny. Das ist doch nicht normal. Du leidest ja regelrecht an...“

„Sag bloß, ich bin verrückt!“ Fanny war außer sich. „Hast du ihn gefunden?“ fragte sie schroff.

„Nein“, sagte Ulrich. „Das war ein anderer.“

Fanny glaubte ihm nicht. Sie fühlte sich alleingelassen, verraten. „Und jetzt?“

„Können wir nicht mal über was anderes reden? Ich will dir ja helfen, Fanny. Aber doch nicht so.“ Er wollte Fanny an sich ziehen, um sie zu trösten. Aber da war in ihr plötzlich wieder das Gefühl der Angst, der Abwehr. Nur einen kurzen Augenblick.

Ich komme nie davon los, dachte sie. Und der Kerl läuft frei herum und erwürgt Frauen.

„Gut.“ Sie machte sich von Ulrich los. „Gut, reden wir von was anderem. Ich möchte mit dir Berlin anschauen.“

„Das ist ein Wort!“ Ulrich schöpfte keinen Verdacht. Wenig später waren sie unterwegs. Fanny nahm sich zusammen, lachte mit Ulrich und erwähnte mit keinem Wort mehr, woran sie trotz alledem immer dachte. Den Zeitungsartikel hatte sie wieder eingesteckt.

Als sie abends zurückkamen, war Doris nicht zu Hause. „Ich komme spät", stand auf einem Zettel. „Macht euch was zu essen."

„Und nun?" fragte Fanny.

Ulrich lachte. „Ich hab Hunger. Du nicht?"

In Fanny war etwas, was nicht zu ihr gehörte. Sie kam sich vor wie zwei verschiedene Personen. Die eine sehnte sich nach Ulrichs Nähe, nach seiner Berührung, die andere hatte eine panische Angst davor.

Ulrich schien ihre Befangenheit gar nicht zu bemerken. Nach dem Essen sagte er: „Schade, daß hier kein Klavier ist. Ich würde jetzt gerne was für dich spielen."

Fanny nahm die Kassette aus ihrem Walkman und legte sie in den Recorder von Doris. „Ich kenne es fast auswendig."

Die Musik zusammen mit Ulrich zu hören war anders. Fanny wurde ruhig und weich. Zärtlich. Aber Ulrich war auf der Hut. Er wußte, wie schnell Fannys Stimmung umschlagen konnte. Als er sich verabschiedete, fragte sie: „Warum hast du nicht..."

Er legte ihr den Finger auf die Lippen. „Wir haben Zeit, Fanny. Viel Zeit. Und vor mir sollst du keine Angst mehr haben."

Er hat auch daran gedacht. Die ganze Zeit hat er daran gedacht, schrieb Fanny in ihr Notizbuch. *Irgendwann wird er die Rücksichtnahme satt haben, weil an-*

dere Mädchen unkomplizierter sind. Ich muß das hinter mich kriegen. Alles wird gut werden, wenn dieser Kerl hinter Gittern sitzt...

Sie rief nochmal die Nummer der Polizei an. Diesmal war ein anderer Kriminalbeamter am Apparat. „Hören Sie, ich weiß bestimmt, daß er es ist."

„Wollen Sie uns das nicht persönlich erzählen? Wissen Sie die Adresse von dem Mann?"

„Nein. Aber so viele kann es doch nicht geben. Sie finden ihn schneller als ich."

„Woher sind Sie so sicher? Wir haben viele Hinweise bekommen..."

Fanny legte wieder auf. Da lief einer rum, der Frauen ermordete, und die Polizei ging nicht mal solchen Hinweisen nach, die den Namen des Täters nannten.

Als Doris nach Hause kam, stellte sich Fanny schlafend. Aber die Schwester ließ sich nicht täuschen. Sie wollte mit Fanny sprechen. „Du schläfst nicht, ich weiß es."

Fanny gab auf. Sie nahm ihren Bademantel und setzte sich zu Doris in die Küche.

„Willst du auch noch was essen?"

„Nein", sagte Fanny. „Aber Durst hab ich." Sie holte sich ein Mineralwasser aus dem Kühlschrank.

„Ich bringe dich zum Wochenende wieder mit dem Auto nach Hause", sagte Doris. „Ulrich kann gleich mitfahren."

„Aber wir wollten doch mit dem Zug..." Fanny

wußte nicht, was sie davon halten sollte, daß Doris sie zurückbringen wollte.

„Ich muß den Steppke wiederhaben", erklärte Doris. „Er fehlt mir so. Da kann ich dich doch mitnehmen."

„Ist da kein anderer Grund?" Fanny war mißtrauisch. Sie mußte am Montag wieder zur Schule. Also war es nur praktisch gedacht, wenn Doris sie mitnahm und gleichzeitig Rico wieder abholte. Aber der Kleine hatte ja eigentlich länger bleiben sollen... Ulrich hat recht, ich habe mich verändert, dachte sie erschrocken. Ich spiele den anderen etwas vor und traue niemandem mehr.

„Hat Ulrich dir erzählt, daß er den Kleinert..." Fanny bluffte.

„Ja, er hat angerufen, als du unterwegs warst. Aber es war ein anderer. Der hat mit der Sache nichts zu tun. Was versteifst du dich auch darauf, Kleinert wäre hier in Berlin?" Doris wirkte nervös.

Fanny dachte: Er war es doch! Die beiden belügen mich. Ihre Hand zitterte vor Erregung, als sie nach dem Glas griff. „Wäre ja möglich, oder?" sagte sie.

„Aber nicht sehr wahrscheinlich. Außerdem hilft dir das doch nicht weiter. Sprich mit Mama darüber oder mit Papa."

Fanny kroch regelrecht in sich zusammen. „Das rätst du mir? Gerade du, Doris?"

Sie wandte sich enttäuscht ab. Sie lassen mich im Stich, dachte sie. Sie lassen mich einfach im Stich.

19

„Kommt, so schnell es möglich ist!" sagte Helga Melchert, als Doris ihr Fannys Zustand am Telefon geschildert hatte. „Ich mache mir große Sorgen..."

Doris riet, nichts zu überstürzen. „Am Sonntag hätte Fanny sowieso nach Hause fahren müssen. Wir dürfen jetzt nicht tun, als wäre das ein Ausnahmezustand."

Aber war es das nicht? Helga Melchert fand nach diesem Telefonat keine Ruhe mehr. Am liebsten wäre sie sofort losgefahren, um Fanny abzuholen. Es war feige von mir, dem Gespräch mit ihr auszuweichen, dachte sie. Ich habe doch gemerkt, was mit ihr los ist.

Aber wie kam Fanny überhaupt auf die Idee, der Mann könnte in Berlin wohnen? Hätte sie mit ihr gesprochen, wäre dieser Irrtum von vornherein ausgeräumt worden. Kleinert wohnte keine 30 Kilometer von ihnen entfernt, war verheiratet und arbeitete als Bäckergeselle.

Helga Melchert hatte den Mann nie aus den Augen verloren. Mißtrauisch hatte sie seine Entlassung aus dem Strafvollzug zur Kenntnis genommen, seine weitere Entwicklung verfolgt. Er war nicht wieder zu seiner Mutter gezogen. In der Hauptverhandlung damals war von einer gestörten Mutter-Sohn-Beziehung die Rede gewesen.

Vor zwei Jahren hatte Kleinert die Tochter des Bäkkermeisters geheiratet, bei dem er arbeitete. Alles schien normal zu verlaufen. Wenn Fanny herausbekam, wo er lebte, könnte sie ihm wirklich sein Leben kaputtmachen.

Einen Augenblick spielte Helga Melchert mit dem Gedanken, daß ihm das recht geschähe. Aber nur einen Augenblick lang. Sie schämte sich ihres Gedankens und dachte: Wie kann ich Fanny ihre Rachepläne ausreden, wenn ich selbst solche Gefühle hege.

„Wir haben nicht aufgepaßt", sagte sie abends zu ihrem Mann. „Wir fühlten uns so sicher. Und nun kommt das noch einmal auf uns zu."

Fannys Vater holte die Mappe aus seinem Schreibtisch. Er sah sofort, daß jemand dran gewesen war. „Fanny hat das alles gelesen", sagte er.

„Und was nun?"

„Sie ist nicht allein in Berlin", beruhigte Helga Melchert ihren Mann. „Doris weiß Bescheid und auch – Ulrich." Aber sie war nicht davon überzeugt, ob das genug war.

Der Steppke tobte noch in der Wohnung herum. Er nutzte die Unaufmerksamkeit der Großeltern, um seinen Tag zu verlängern. Längst hätte er im Bett sein müssen. Endlich raffte sich Helga Melchert auf. „Aber nun schnell ins Bett, Rico!"

„Erzählst du mir eine Geschichte, Omi?"

„Ja. Aber erst waschen."

Wenig später lag der Kleine in seinem Bett. „Wo ist meine Mami?" Damit begannen immer seine Abendgespräche.

„Mami ist in Berlin. Sie arbeitet."

Üblicherweise folgten nun Forderungen: „...und dann krieg ich von meiner Mami einen Malkasten und ein Auto und..."

Aber diesmal sagte Rico: „Die andere Omi drückt mich immer so toll." Mit der anderen Omi meinte er Ludwigs Mutter. Die holte ihren Enkelsohn jeden Nachmittag ab. Rico ging nicht gern mit. Er fühlte sich in seinen Spielen gestört. Vielleicht ängstigt ihn auch ihre übergroße Liebe, dachte Helga Melchert jetzt. Er kannte seine andere Großmutter bisher ja kaum.

„Sie hat dich lieb, Rico."

„Ich will wieder zu meiner Mami", sagte Rico, ohne darauf einzugehen. „Wann holt sie mich? Bald?"

„Ja, bald." Sie deckte den Kleinen zu. „Nun schlaf schön."

„Die Geschichte!" forderte er. Helga Melchert seufzte, setzte sich aber noch einmal an das Bettchen. Welche Geschichte sollte sie erzählen? Die meisten endeten mit dem Satz: Und dann lebten sie glücklich bis an ihr Ende. Aber dazwischen geschah so viel. Da wurden Kinder angelockt, da starben mutige Prinzen in Dornenhecken, kleine Mädchen erfroren auf der Straße, weil niemand sich um sie kümmerte. Das waren keine Abendmärchen für kleine sensible Steppkes, die um ihre Blume einen Zaun bauten, damit ihr nichts geschah.

„Ich erzähl dir etwas ganz anderes“, sagte sie. „Wenn du wieder in Berlin bist, wirst du sicher oft an uns denken, an den Garten, an deine Schaukel und an den Opa...“

„...und an die Omi!“

„Ja, mein Kleiner. Und auch an die Fanny, nicht wahr?“

Rico nickte.

Sie versprach, ihm eine winzige Zaubertüte mit nach Berlin zu geben. Eine Tüte mit ganz kleinen Körnchen. „Und wenn du die in Blumentöpfe steckst, wachsen daraus kleine Pflanzen. Eine für die Mami, eine für den Opa...“

Der Steppke strahlte. „Ich brauche viele Körnchen“, stellte er fest. „Für alle lieben Leute.“ Und dann lachte er. „Ich werde den Opa jeden Tag gießen, damit er schön groß und dick wird.“

Helga Melchert hatte über dem Gespräch mit dem Kleinen für eine Weile ihre Sorgen vergessen. Nun waren sie wieder da. Die um Fanny und die um Doris und den Steppke. Der würde nun ohne seinen Vater aufwachsen. Und sie fragte sich, ob Doris zufrieden mit ihrem Leben war.

Sie wußte auf alle diese Fragen keine Antwort. Ich muß mit ihnen reden, mit beiden. Wir machen uns was vor mit unserer Sicherheit. Mit Fanny darf nicht noch mal was schiefgehen. Das verkraftet sie nicht.

20

Wer nicht genau beobachtete, konnte denken, Fanny habe ihre Pläne aufgegeben. Ulrich ließ sich täuschen. Er war glücklich, Fanny den ganzen Tag für sich zu haben. Sie bummelten am Vormittag durch die Stadt, nachmittags gingen sie an den Wannsee baden, den Abend verbrachten sie entweder bei Doris oder in der Laube.

„Funny Fanny!" sagte Ulrich, als sie nebeneinander auf der Decke lagen und übers Wasser schauten. „So eine Riesenbadewanne könnten wir zu Hause auch gebrauchen. Ist schöner als unser steriles Schwimmbad."

Fanny stimmte ihm zu. Vor allem gab es hier keine Dagmar und keine anderen aus ihrer Klasse, die Ulrich anhimmeln konnten. Wär das schön, wenn es nicht *das* gäbe!

Wieder hatte sie das Gefühl, sie sei zwei Personen in einer. Die eine lachte und zeigte sich als „Funny Fanny", die andere sann nur darauf, jede Gelegenheit zu nutzen, an die Adresse zu kommen, die Ulrich als falsche Spur bezeichnet hatte. Aus vielen kleinen Äußerungen setzte sich ihr Wissen schließlich zusammen, bis kein Zweifel mehr blieb: Dieser Kleinert muß es sein!

Für den Samstagvormittag wimmelte Fanny Ulrich ab. „Ich muß noch Besorgungen machen. Morgen früh fahren wir ja schon los.“ Als sie seine traurige Miene sah, versprach sie, gleich nach dem Mittagessen in die Laube zu kommen. „Ich helfe dir beim Packen.“

„Da gibt's nicht viel zu helfen!“ Ulrich lachte. „Ich hab nur einen Rucksack. Aber ich mach uns was Schönes zum Abschiedsabend von Berlin. Wollen wir Doris einladen?“

„Ja“, sagte Fanny, obwohl sie lieber nein gesagt hätte.

Sie hatte die Adresse aus dem Telefonbuch abgeschrieben. Mehrmals rief sie an, weil sie Kleinerts Stimme hören wollte. Es meldete sich immer eine Frau.

Am Samstagmorgen ließ sie sich mit einem Taxi nach Wilmersdorf fahren. Sie wollte keine Zeit mehr verlieren. Es war gegen halb zehn, als sie vor dem Haus ausstieg und das Taxi bezahlte.

Was war, wenn Kleinert sie erkannte und allein zu Hause war? Bisher war sie immer davon ausgegangen, es werde außer ihm noch jemand in der Wohnung sein und sie könnte ihm vor anderen sein Verbrechen vorhalten. Ihn unmöglich machen, seine Bindungen zerstören, das war ihr Vorhaben. Was aber war, wenn niemand außer ihm da war?

Schon im Treppenhaus angekommen, kehrte Fanny

noch einmal um. An den Klingelknöpfen hatte sie gesehen, daß Kleinert in der zweiten Etage wohnte. Sie wollte sicher sein, ihm nicht allein gegenüberstehen zu müssen. Deshalb lief sie zur nächsten Telefonzelle und wählte die Nummer, die sie schon auswendig kannte.

„Kleinert!" Wieder diese Frauenstimme. Jetzt war Fanny sicher, ihn nicht allein anzutreffen. Wenig später klingelte sie an der Korridortür. Sie hatte sich einen Plan zurechtgelegt.

„Ist Herr Kleinert da?" fragte sie die junge Frau, die einen Spaltbreit die Tür öffnete.

„Was wollen Sie von meinem Mann?"

„Ich soll ihm Grüße bestellen von Frau Stetten aus Diedingen."

„Nie gehört!" sagte die junge Frau. „Aber mein Mann ist nicht da. Können Sie noch mal wiederkommen?"

„Schade", sagte Fanny. „Ich fahre morgen wieder zurück."

Die junge Frau öffnete die Sicherheitskette und machte die Tür weiter auf. „Sie sind wohl nicht aus Berlin?"

„Nein. Nur auf Besuch hier."

„Und wer ist das, Frau Stetten?"

Fanny sah eine Chance, Kleinerts Frau neugierig zu machen. „Eine alte Frau, die hat ihn gut gekannt, als Jungen."

„Na so was!"

„Ja, noch bevor das passiert…“ Fanny brach ihren Satz ab.

Die junge Frau reagierte genauso, wie Fanny vermutet hatte. Wenig später saß sie in Kleinerts Wohnzimmer. „Also, was ist damals passiert?“ fragte die Frau. „Und was hat mein Mann damit zu tun? Ich wußte gar nicht, daß er als Junge mal in – wie sagten Sie? – Diedingen war. Er ist in Berlin aufgewachsen.“

Sie hat keine Ahnung, dachte Fanny. Aber sie brachte es nicht fertig, der Frau ins Gesicht zu sagen: Ihr Mann ist ein Sittlichkeitsverbrecher.

Sie stand auf und ging zur Tür. „Fragen Sie ihn selbst“, sagte sie nur. Kopfschüttelnd sah ihr die Frau nach.

Als Fanny die Treppe hinunterging, weinte sie. Nicht nur Kleinerts Leben machte sie kaputt, auch das seiner Frau. Aber es mußte sein.

Sie ging wieder in die Telefonzelle und wählte die Nummer der Polizei. „Ich habe einen sachdienlichen Hinweis“, sagte sie und verstellte ihre Stimme. Dann nannte sie Kleinerts Namen und Adresse.

„Bitte, wer spricht da?“

„Ich möchte anonym bleiben.“

„Und was macht Sie so sicher?“ fragte der Polizist.

„Er hat mich vergewaltigt und halbtot geschlagen“, sagte Fanny. Dann hängte sie ein.

Schnell verließ sie die Telefonzelle. Ihr war der Schweiß ausgebrochen, und sie hatte das Gefühl, keine

Luft mehr zu bekommen. Sie lief die Straße hinunter, als ob jemand hinter ihr her wäre. Jetzt müssen sie ihn verhaften, dachte sie. Nun kann er keiner Frau mehr etwas antun.

Sie stieg in den nächsten Bus, der gerade an einer Haltestelle hielt. Ihr war gleichgültig, wohin sie fuhr. Nur allein sein wollte sie jetzt, allein unter vielen Leuten, wo sie sich sicher fühlte. Dann ging sie in ein Kaufhaus, kaufte Sachen, die sie eigentlich gar nicht brauchte. Die Ruhe wollte nicht kommen, nach der sie sich so sehr sehnte.

Es ist doch jetzt alles gut, redete sie sich ein. Ich habe mit ihm abgerechnet, ich habe meine Rache. Und er wird niemandem mehr schaden. Niemandem.

Als sie zu Doris nach Hause kam, war Ulrich da. Mit Rucksack. „Die brauchen die Gartenlaube zum Wochenende für sich", sagte er entschuldigend. „Da wollte ich mich von euch verabschieden. Aber Doris bot mir an, hier zu übernachten."

Fanny spielte wieder ihre Rolle. „Ist doch super", sagte sie. „Oder willst du etwa mit jemand anderem trampen?"

21

Sie fuhren schon ganz früh los. Ulrich saß vorn bei Doris. Fanny tat, als wolle sie schlafen.

Die Grenze hatten sie hinter sich gebracht, als sie das erste Mal an einer Raststätte hielten. Doris mußte tanken.

Fanny holte inzwischen aus dem Laden etwas zu trinken. Die Fahrt war noch lang. Und da sah sie es: *Frauenmörder gefaßt!* Unter der dicken Schlagzeile der Sonntagszeitung war nur eine kurze Notiz, daß durch Hinweise aus der Bevölkerung am Samstagabend der mutmaßliche Sittlichkeitsverbrecher gefaßt worden war. Ein Name stand nicht dabei.

Fanny war, als fiele eine Last von ihr ab. Jetzt brauchte keiner mehr vor diesem Kerl Angst zu haben. Am liebsten hätte sie die Zeitung gekauft, aber sie tat es nicht. Die beiden würden ihr ja doch nicht glauben. Morgen berichtete sicher die Lokalzeitung von der Festnahme.

Jetzt wird alles gut, dachte sie.

„Fanny hat endlich ausgeschlafen", foppte Doris. „Bist ja wie ausgewechselt."

„Du hast wohl was Schönes geträumt?" wollte Ulrich wissen. „Funny Fanny!"

Schade, dachte Fanny. Durch diese Geschichte war der ganze Berlinurlaub verdorben. Aber jetzt ist es vorbei.

„Morgen geht's wieder los mit der Schule", stöhnte sie. „Da muß ich doch heute noch mal so richtig ausflippen."

„Sehen wir uns heute abend noch?" fragte Ulrich, als Doris zum Papierkorb ging, um die Reste des Essens wegzubringen.

„Lieber morgen abend", sagte Fanny. „Meine Eltern spielen sonst verrückt. Und ich will den Steppke noch ein bißchen haben. Wir haben uns doch dann – immer."

„Okay." Ulrich war nicht gekränkt. Er wickelte wieder einmal eine von Fannys Haarsträhnen um seinen Zeigefinger.

„Ich hab eine Überraschung für dich", sagte Fanny. „Aber du mußt noch bis morgen warten."

Zu Hause blieb ihr keine Zeit zum Nachdenken. Die Eltern, der Steppke und Dagmar, die zur Begrüßung gekommen war, redeten auf sie ein.

„Wie war's denn?" wollte Dagmar wissen. „Bist du in der Großstadt versumpft?"

Fanny lachte. „Ulrich war ja da", sagte sie.

„Was? Ich dachte, zwischen euch ist es aus!" Ihre Stimme klang enttäuscht.

Als Dagmar wieder gegangen war, atmete Fanny auf.

Abends rief Ulrich an. Zur Fernsehzeit, damit niemand ihnen zuhörte. „Ich vermisse dich, Fanny."

„Ich spiele nachher deine Musik."

„Verrate mir die Überraschung, Funny Fanny."

Fanny war drauf und dran, ihm alles zu erzählen. Am Telefon war das vielleicht gar nicht so kompliziert. Aber ein Gefühl, das sie nicht beschreiben konnte, hielt sie davon ab. „Morgen, Ulrich."

Spät am Abend kam die Mutter in Fannys Zimmer. Das war sonst nicht ihre Art. Fanny hatte sich schon hingelegt. Ihre Mutter setzte sich zu ihr auf die Bettkante.

„Ist was, Mama?"

„Ich möchte mit dir reden, Fanny. Es muß nicht heute sein, aber du sollst wissen, daß ich es tun will. Du weißt, worüber, nicht wahr?"

„Ja. Über damals."

„Warum hast du mich nicht gefragt? Ich hätte dir gesagt, was du wissen wolltest."

„Ist nicht mehr wichtig, Mama. Der ist inzwischen hinter Schloß und Riegel." Fanny versuchte, das so beiläufig wie nur möglich zu sagen.

„Was meinst du damit?" Das Gesicht der Mutter spiegelte Ratlosigkeit wider. „Natürlich hat er seine Strafe bekommen."

„Aber er hat es wieder getan, und ich habe ihn aufgespürt und…“

„Fanny!“

„Keine Angst, Mama. Ich war vorsichtig.“

„Fanny, der Mann wohnt nicht in Berlin“, sagte ihre Mutter tonlos. „Das war ein anderer.“

Fanny hatte das Gefühl, als drehe sich alles um sie. „Ja, du hast recht, Mami, das war ein anderer!“ Sie sagte das und dachte: Das bin ja gar nicht ich, die das sagt.

„Erzähl mir von dem, der mich betrifft“, sagte sie. Und sie dachte dabei: Nur Zeit gewinnen, mich wieder in die Gewalt bekommen. Nicht durchdrehen. Sie beschwindeln mich ja alle.

„Erst sag mir, ob du in Berlin was angestellt hast, was nicht wieder gutzumachen wäre.“

„Nein, Mama. Da ist nichts. Sie haben einen festgenommen, der zwei Frauen umgebracht hat, das ist alles.“

„Und du hast gedacht, das ist der Mann, der dich als Kind vergewaltigt hat? Fanny, wie kommst du denn nur darauf?“

Fanny verkrampfte sich regelrecht, als ihre Mutter berichtete, wo und wie Kleinert jetzt lebte. „Ganz normal, wie jeder andere auch, und sein Meister und die Familie wissen selbstverständlich, was damals passiert ist. Das läßt sich doch nicht verschweigen in so kleinen Orten.“ Die Mutter stand auf. Sie hatte nicht das Gefühl, daß Fanny ihr alles erzählt hatte. „Ich gebe dir ein

Schlafmittel", sagte sie. „Du kommst sonst nicht zur Ruhe."

„Geht nicht. Ich muß morgen früh zur Schule."

Fanny wollte kein Schlafmittel. Sie wollte nur endlich allein sein.

22

Was mache ich jetzt bloß? dachte Fanny. Sie haben den Falschen verhaftet! Ich muß morgen früh gleich anrufen und alles wieder in Ordnung bringen, nahm sie sich vor. Jetzt habe ich wegen *dem* auch noch andere Leute unglücklich gemacht.

„Bist du krank?" wollte Doris am nächsten Morgen wissen. Fanny sah wirklich schlecht aus. Dunkle Ringe unter den Augen, die fiebrig glänzten. „Du gehörst ins Bett!" Sie war dabei, sich und den Steppke reisefertig zu machen.

„Du mußt mir helfen, Doris", sagte Fanny und erzählte ihr die ganze verworrene Geschichte. „Ruf die Polizei an und die Frau Kleinert. Ich kann das nicht..."

„Mein Gott, Fanny! Du machst aber auch Sachen. Konntest du nicht mit mir reden oder wenigstens mit Ulrich?"

Fanny schob ihr nur den Zettel mit den Telefonnummern zu, nahm ihre Mappe und verließ das Haus. Ihr Kopf schmerzte, der Puls raste.

„Bist du krank?“ fragte Dagmar besorgt.

Und in der Pause stellte Ulrich ihr die gleiche Frage.

Ich will es hinter mich kriegen, dachte Fanny. Sie erzählte auch Ulrich, zu welchen Schritten sie ihr Verdacht getrieben hatte.

„Das ist nicht wahr, Fanny. Sag, daß du das nicht wirklich gemacht hast!“

Sie schaute in sein Gesicht, das ihr plötzlich ganz fremd vorkam. „Doch, Ulrich. Es ist so.“

„Du hast mir also die ganze Zeit was vorgespielt. Du bist ja gar nicht mehr du!“

Er drehte sich um und ging weg. Fanny wollte ihm nachlaufen, aber es klingelte, und sie mußte wieder zum Unterricht. Ulrich war auch schon zwischen den anderen, die in das Schulgebäude gingen.

Nach Schulschluß wartete sie auf ihn. Ulrich nahm seine Brille ab und putzte mit dem Taschentuch daran herum. Er wirkte hilflos und traurig.

„Ich hab mir das überlegt, Fanny. Solange du kein Vertrauen zu mir hast, hat das mit uns keinen Sinn.“

„Ich hab's ja gewußt!“

„Was?“

„Eine prima Ausrede hast du jetzt, mit mir Schluß zu machen. Ich habe mich geirrt diesmal. Aber ich finde den richtigen, auch ohne deine Hilfe!“

„Ich will dir ja helfen, Fanny. Aber so wie du dir das denkst, geht es nicht.“

„Ich brauche deine Hilfe nicht mehr. Ich brauche niemanden mehr."

Ulrich setzte seine Brille wieder auf. „Benimm dich endlich wie ein vernünftiger Mensch", sagte er. „Dann können wir weiterreden." Er holte sein Fahrrad und fuhr davon.

Fanny ging den Weg nach Hause, zu Fuß wie immer. Sie hatte es nicht weit. Aber der Heimweg schien ihr diesmal endlos.

So, jetzt ist alles aus, dachte sie. Jetzt weiß ich wenigstens, woran ich bin. Und das wird immer so sein, ob es nun Ulrich ist oder Antonio oder irgendein anderer.

Auf ihrem Schreibtisch lag ein zusammengefalteter Zettel: von Doris.

Der, den sie festgenommen haben, heißt nicht Kleinert. Also mach dir keine Sorgen. Ich rufe dich heute abend von zu Hause aus an. Aber sprich mit Mama und mit Ulrich. Sonst mache ich das!

Mit Ulrich habe ich schon gesprochen, dachte Fanny. Mit dem Ergebnis, daß er mich im Stich läßt. Sie legte sich auf ihr Bett und reagierte auch nicht darauf, als ihre Mutter sie zum Essen rief.

Helga Melchert kam zu Fanny ins Zimmer. „Was ist?"

Fanny zeigte nur auf den Zettel. Ihre Mutter las die kurze Notiz, sie erkannte auch die Schrift von Doris. „Ja, macht ihr denn jetzt alles unter euch aus? Hab ich nicht das Recht zu erfahren, was los ist? Rede jetzt, Fanny."

Wieder hatte Fanny das Gefühl, als sei nicht sie es, die auf die Fragen der Mutter Antworten gab. Ich werde noch verrückt, dachte sie.

„Fanny, du verrennst dich da in etwas!" Helga Melchert war ratlos. „Wir sollten einen Arzt aufsuchen, damit du eine Therapie machst. So etwas kann man bewältigen..."

„Ach, du meinst, ich soll in die Klapsmühle!"

Fanny konnte sich nun nicht mehr beherrschen. Sie bekam einen Weinkrampf, der erst nachließ, als die Mutter ihr ein Beruhigungsmittel gab. „Sei doch mal vernünftig", sagte sie. „Den Jungen von damals gibt es gar nicht mehr. Der Mann, der er jetzt ist, hat mit dir nichts zu tun."

Das Beruhigungsmittel wirkte. Fanny vernahm alles wie durch Watte gedämpft. Das ist gut, dachte sie. Das tut gut. Es tut nicht mehr so weh.

Helga Melchert dachte, ihre Tochter sei eingeschlafen. Leise verließ sie das Zimmer. Aber Fanny schlief nicht. Sie befand sich in einem Zustand zwischen Wachsein und Schlaf. Alles Nebensächliche war ausgeschaltet. Sie konnte sich konzentrieren wie nie zuvor: Waldrand, Brombeerhecke, die dunklen Früchte zwischen den grünen Blättern. Auf dem Weg sonnte sich eine Eidechse. Es war warm – es ist warm. Im blauen Himmel schweben Federwolken, leicht, unendlich leicht. Ich möchte dort oben sein, auch so schweben. Ein Duft ist das! Sommerwärme und Wald. Ganz rot gefärbt sind meine Hände von den Brombeeren. Überreife Früchte, saftig und süß. Da kommt einer den Weg herauf. Sicher will er auch von den Beeren pflücken – der Strauch hat noch so viele. Es ist warm. Der Junge hat das offene Hemd über dem Nabel zusammengeknotet. Die Jeans sitzen hauteng auf über den Hüften. Er lacht.

„Schmeckt's?"

Fanny spürt den süßen Saft der Beeren auf ihrer Zunge. Klar, es schmeckt gut. Sonst würde ich ja die Beeren nicht von den Sträuchern pflücken. „Willst du auch welche?"

Vielleicht muß ich Sie sagen, der ist gar kein Junge mehr. Mindestens achtzehn ist er.

Warum nimmt er die Beeren nicht aus meiner Hand? Warum leckt er sie mit seiner Zunge weg. Das kitzelt so. Der soll das lassen.

„Ich weiß eine Stelle, da wachsen noch viel süßere Beeren..."

Wie in einem Film läuft das Geschehen von damals ab. Fanny liegt mit geschlossenen Augen da. Sie kann sich nicht gegen die Bilder wehren. Sie liegt da, weiß, daß sie nicht schläft und kann einfach die Augen nicht öffnen, um das Schreckliche, das diesen ruhigen Anfangsbildern folgt, zu beenden. Ihr Unterbewußtsein arbeitet präzise wie ein Computer. Bild für Bild kommt die Erinnerung auf sie zu.

Die Gestalt des Jungen wächst riesenhaft vor ihrem inneren Auge. Sie spürt den harten Körper, riecht den Schweiß und sieht zum erstenmal deutlich sein Gesicht: Helle glasklare Augen, breiter Mund mit schmalen Lippen, der Leberfleck über der rechten Augenbraue. Blondes Haar...

War er blond?

Hier verwischte sich das Bild.

Abends rief sie Ulrich an. „Ist es aus zwischen uns?"

Ulrichs Antwort kam zögernd. „Mit der Fanny, die du jetzt bist, kann ich nichts anfangen. Du denkst ja an nichts anderes mehr. Du machst dich und die anderen kaputt mit deiner fixen Idee. Für dich ändert das doch nichts, wenn der Mann jetzt nach Jahren ein zweites Mal bestraft wird."

„Also Schluß!" sagte Fanny. „Du brauchst gar keine solchen Verrenkungen zu machen. Und ich dachte, du hast mich wirklich gern."

„Fanny, es gibt Beratungsstellen für Mädchen, denen so etwas passiert ist wie dir. Wenn du willst..."

Fanny unterbrach ihn schroff. „Laß deine Ratschläge. Davon hab ich inzwischen schon eine ganze Sammlung."

Ulrich setzte unbeirrt seinen Satz fort: „...dann gehe ich mit dir hin. Laß dich nicht immer nur bemitleiden..."

Fanny legte den Hörer auf, ohne ihn ausreden zu lassen. So weit war es also mit ihr gekommen. Man bemitleidete sie.

Sie mußte sich richtig zwingen, nun auch noch das Gespräch mit Doris zu führen. „Was haben sie gesagt?“

„Ich habe mich für dich bei den Kleinerts entschuldigt. Und die Polizei hat deine Anrufe nicht weiterverfolgt. Sie waren längst auf der richtigen Spur. Ist nun alles in Ordnung, Fanny?“

„Ja. Keine Sorge.“

„Du fehlst mir“, sagte Doris. „Wir haben die Tage in Berlin nicht richtig genutzt. Dabei wollte ich so viel mit dir reden. Aber das mit Ludwig hat mich ein bißchen aus dem Gleichgewicht gebracht. Komischerweise fehlt ihr mir jetzt alle sehr, obwohl ich den Steppke wieder bei mir habe.“

„Auch Ludwig?“ Fanny fragte das sehr bewußt. Sie wollte sich damit trösten, daß auch die Schwester unter einem Verlust zu leiden hatte.

Aber Doris sagte: „Ich weiß nicht. Er fehlt mir eigentlich nicht. Ich hätte ihm nur gern noch einiges gesagt, wäre vielleicht nicht so intolerant und so... konsequent gewesen.“

Es wurde Fanny fast unerträglich, daß die Eltern sie nun behandelten, als wäre sie krank. In der Schule war sie unkonzentriert. Sie wartete nur auf die große Pause und auf den Schulschluß, wo sie Ulrich sehen konnte.

Aber sie traute sich nicht, noch einmal mit ihm zu reden. Und Ulrich kam ihr auch keinen Schritt entgegen.

Als sie eines Tages sah, wie er sein Fahrrad neben Dagmar herschob und ihre Tasche unter seinen Gepäckträger geklemmt hatte, war sie ganz verzweifelt.

Ulrich hat sich schnell getröstet, schrieb sie in ihr Notizbuch. *Dagmar ist nicht so kompliziert wie ich. Sie ist schöner, lustiger. Ich weiß nicht mehr, was ich machen soll. Manchmal habe ich das Gefühl, ich bin wirklich krank. Depressionen, sagt man wohl dazu. Und manchmal habe ich das Gefühl, ich bin gar nicht ich. Ich kann nicht mehr genau unterscheiden, ob das, was ich von damals weiß, noch meine Erinnerungen sind oder ob ich es selbst mit Details ausschmücke. Das alles nimmt den einen Teil von mir so in Anspruch, daß für die andere Fanny zu wenig Raum bleibt. Und die andere Fanny tut so, als wäre alles in Ordnung. Ich spiele eine Rolle oder zwei. Aber wo bin ich dabei geblieben?*

23

So gleichgültig, wie Fanny glaubte, war Ulrich keinesfalls. Er wußte nur: So konnte es nicht weitergehen. Fanny durfte sich nicht in Haß hineinsteigern.

Er hielt sich absichtlich von ihr fern. Sie muß allein erkennen, wie falsch das ist, was sie gemacht hat, dachte er. Sonst fühlt sie sich bevormundet und redet sich noch wer weiß was für Dinge ein.

Aber in ihm hatte sich auch ein Gedanke festgesetzt. Jetzt wollte er den Mann kennenlernen, Kleinert. Nicht um sich an ihm zu rächen, wie Fanny es vorhatte. Nein, er wollte ihn nur sehen. Vielleicht konnte er dann besser auf Fanny eingehen. Doris hatte ihm gesagt, wo Kleinert lebte. Damals in Berlin, als er ihr von der falschen Spur erzählte.

An einem Samstag machte er sich auf nach Pettlingen. Er hatte sich das Motorrad eines Freundes ausgeliehen, das er schon öfters benutzt hatte.

Die Bäckerei Tanzer fand er schnell in dem kleinen

Ort. Aber er wollte sich erst einmal umhören. Es war nicht schwer, einen redseligen Pettlinger zu finden.

„Die Gudrun, was dem Tanzer seine einzige Tochter ist, hatte ja einen Narren an dem gefressen. Dabei hat jeder gewußt wo der herkam."

„Woher denn?" fragte Ulrich, weil er den Informationsfluß in Gang halten wollte.

„Na, aus dem Knast! Einer, der was mit der Sittlichkeit auf dem Kerbholz hat. Dabei gibt's im Ort so viele junge Burschen, die sich um die Gudrun beworben haben. Aber ausgerechnet der mußte es sein."

„Da will wohl jetzt keiner was mit denen zu tun haben?"

„Ach geh!" sagte der Pettlinger. „Der alte Tanzer hat denen das Maul gestopft."

„Wie denn?"

„Der sitzt im Ortsvorstand. Und Bäckerei gibts nur eine hier. Also, da müßten die Frauen ja in den Nachbarort."

Der Laden war geschlossen. Es war schon Nachmittag. Ulrich wußte nicht, wie er es anstellen sollte, Jürgen Kleinert zu sprechen. Schließlich klingelte er einfach an der Haustür.

„Ich möchte Herrn Kleinert sprechen", sagte er zu der Frau, die an die Haustür kam. „Jürgen Kleinert."

„Und wer sind Sie?"

„Ich heiße Kändler. Herr Kleinert kennt mich nicht. Aber wir müssen miteinander sprechen."

Die Frau war mittleren Alters, schien aber nicht Kleinerts Schwiegermutter zu sein. „Moment", sagte sie. Dann schloß sie die Tür.

Nach einer Weile kam ein Mann an die Tür. Er war ziemlich kräftig gebaut und etwas füllig. „Ja, bitte? Ich bin Jürgen Kleinert."

Ulrich mußte erst einmal umschalten. Er hatte sich einen schmächtigen Jungen vorgestellt. Jetzt stand ein Mann vor ihm, der wie dreißig wirkte.

„Ich bin Fanny Melcherts Freund", sagte Ulrich. „Können wir miteinander reden?"

Kleinerts Gesicht verschloß sich. Seine ganze Haltung drückte Abwehr aus. „Das ist für mich lange vorbei. Ich will nicht mehr darüber reden."

„Auch nicht, wenn Sie jetzt etwas gutmachen könnten?" Ulrich sagte das schnell, weil er befürchtete, Jürgen Kleinert könne ihn einfach stehenlassen und ihm die Tür vor der Nase zuschlagen. „Bitte", setzte er hinzu. „Es ist wichtig – für Fanny."

Jürgen Kleinert zögerte. „Das ist Jahre her, was soll das also? Kann man mich denn nicht in Ruhe lassen?"

„Bitte", sagte Ulrich noch einmal.

Jürgen Kleinert zögerte immer noch. Dann sagte er: „Warten Sie, ich will meiner Frau Bescheid sagen. Dann gehen wir ein Stück." Wenig später kam er wieder. Er hatte einen Dobermann an der Leine. „Der Hund muß sowieso mal raus", sagte er.

Ulrich wußte diese Bemerkung nicht einzuordnen.

Hieß das, er wolle das Gespräch vor seiner Frau geheimhalten?

Sie liefen ein ganzes Stück, ohne zu reden. Erst als sie die letzten Häuser des Ortes hinter sich gelassen hatten, nahm Jürgen Kleinert den Hund von der Leine. „Lauf!" sagte er. Und dann: „Also, was wollen Sie von mir?"

Ulrich fiel es schwer zu sprechen. Der Mann hörte sich schweigend an, was er über Fanny erzählte. „Sie ist in einer schwierigen Situation, verstehen Sie. Ich will ihr helfen", schloß er.

Am Rand des Fußballfeldes setzten sie sich auf eine Bank. Es war schon etwas kühl, aber Ulrich spürte das nicht. Er suchte im Gesicht des anderen Spuren, die auf das hindeuten konnten, was er getan hatte. Aber es blieb das Gesicht eines Mannes, der einem überall begegnen konnte. Helle Augen, helle Haut, kräftige Hände.

„Was schauen Sie mich so an?"

„Fanny versucht immer wieder, sich vorzustellen, wie Sie aussehen."

Jürgen Kleinert lachte, aber es war ein verbittertes Lachen. „Den gibt es nicht mehr, den sie sucht. Den habe ich – abgelegt." Wie um das zu beweisen, sprach er von seiner Haftzeit, von den Selbstvorwürfen, von einem Selbstmordversuch. „Gudrun hat mir wieder Lebensmut gegeben", sagte er schließlich. „Ich war so allein. Meine Mutter und meine Großmutter wollte ich nicht mehr sehen. Da habe ich einen Briefwechsel mit Gudrun angefangen. Und dann habe ich Bäcker gelernt. Das ist eigentlich schon alles."

Zögernd fragte Ulrich: „Wie kam das... damals mit Fanny?"

„Ich hatte das nicht vor", sagte Jürgen Kleinert. „An so etwas habe ich nie gedacht. An Mädchen schon, ganz normal. Aber nie an so ein kleines Mädchen. Sie war freundlich und ihre Haut fühlte sich an wie Pfirsich, als ich ihren Arm anfaßte. Sie hatte Brombeeren in der hohlen Hand... So ein Gefühl hatte ich noch nie... Einfach noch mehr von dieser Haut wollte ich fühlen. Aber sie hat sich gewehrt, und ich bekam Angst. Und Wut... auf die Mädchen, die mich immer Muttersöhnchen genannt haben... Wenn mir das einer vorher gesagt hätte, ich würde sowas machen, den hätte ich windelweich geprügelt."

„Prügelst du dich oft?" Ulrich ging zum Du über.

Jürgen Kleinert pfiff nach seinem Dobermann, der sich ihm gehorsam zu Füßen legte. „Du meinst Gewalttäter und so? Das hat mich schon der Psychiater gefragt, damals, als ich drin saß. Aber das ist nicht, ich habe weder vorher noch nachher einen Menschen geschlagen. Wenn ich meine Wut bekam, habe ich einen Stock genommen und auf Steine eingedroschen. Denen tut es nicht weh. Und jetzt", er lachte wieder sein etwas bitteres Lachen, „jetzt knete ich den Teig. Da kannst du eine Menge Wut reinkneten."

„Du hast sie immer noch – die Wut? Auf Frauen?"

„Nein, nicht so wie du denkst. Gudrun habe ich gern. Wirklich. Aber es ist nicht das Leben, wovon ich mal geträumt hatte. Früher. Ich wollte was mit Maschinen zu tun haben, als Monteur in fremde Länder... Jetzt knete ich Brotteig in einem spießigen Dorf. Wenn ich mal Kinder habe, die sollen anders leben."

Ein bißchen verschwand von seiner Hoffnungslosigkeit, als er davon sprach, wie gern er Kinder hatte.

Ulrich dachte: Wie geht das zusammen? Kinder lieben, wenn man einem Kind so etwas Schreckliches angetan hat. Weil er eine Weile nicht sprach, fragte Kleinert ihn nach Fanny aus.

„Meinst du, es nützt, wenn ich mit ihr rede?"

„Ich glaube nicht", sagte Ulrich. „Sie muß allein damit fertig werden. Aber ich will dasein, wenn sie mich braucht. Dazu muß ich alles wissen. Nicht nur aus ihrer Sicht."

Als sie sich schließlich auf dem Ortsplatz trennten, wo Ulrich das Motorrad abgestellt hatte, sagte Jürgen Kleinert: „Sie wird es schon schaffen. Sie hat ja dich..."

Auf der Heimfahrt wiederholte sich Ulrich jedes Detail dieses Gesprächs. So also kann auch eine Jugend aussehen, dachte er. Es hatte ihn merkwürdig berührt, als Kleinert gesagt hatte: „In der Zelle war ich erst mal allein. Ob du es glaubst oder nicht, ich war froh darüber. Der Kriminalbeamte hatte nicht viel Arbeit mit mir, weil ich gleich alles zugab, soweit ich mich noch erinnern konnte. Und dann wollte keiner mehr was von mir. Ich hatte plötzlich ein Gefühl von Freiheit..."

Damit meinte er sicher seine Mutter und seine Großmutter, vermutete Ulrich. Er muß die beiden geliebt und gehaßt haben. Er dachte an seine Mutter. Nein, die war nicht so. Sie sorgte sich um ihn, um seine Brüder, um den Vater. Aber ihre Liebe engte nicht ein.

Irgendwie hatte er den Zorn auf Jürgen Kleinert verloren. Ich muß das alles einmal Fanny erzählen, dachte er.

24

Fanny war eifersüchtig. Sehr sogar. Seit sie gesehen hatte, wie Dagmar mit Ulrich von der Schule nach Hause ging, hatte sie keine Ruhe mehr. Mißtrauisch beobachtete sie die Freundin, aber sie sah Dagmar und Ulrich nicht mehr zusammen.

Die nehmen sich in acht, dachte sie, damit ich nicht dahinterkomme.

Helga Melchert wußte längst durch Doris, wie es um Fanny und Ulrich stand.

„Wenn du die Pille brauchst, laß sie dir vom Arzt verschreiben“, sagte sie zu ihr. „Aber klaue sie mir nicht aus dem Medizinschrank.“

„Ich brauche sie nicht mehr“, antwortete Fanny schroff. „Du kannst den Rest wiederhaben.“

„Aber zum Arzt könntest du ruhig mal gehen. Du siehst miserabel aus.“

Fanny betrachtete sich im Spiegel. Mama hat recht, dachte sie. Gut sehe ich nicht gerade aus. Kein Wunder, wenn ich so schlecht schlafe und so wenig esse.

Irgendwann war ihr die Idee gekommen: Wenn ich schlimm krank werde, dann werden sich alle um mich Sorgen machen. Auch Ulrich. Der Gedanke hatte ihr gefallen, und sie hatte die Szene viele Male durchgespielt.

– Hallo, Fanny, du machst vielleicht Geschichten.

– Vielleicht werde ich überhaupt nicht mehr gesund, Ulrich.

– Das darfst du nicht sagen, Fanny. Ich liebe dich doch. Nur dich.

– Und Dagmar?

– Die kann doch gar nicht mit dir konkurrieren, Funny Fanny!

Bei diesem Satz verweilte Fanny besonders gern. In ihren Gedanken konnte sie sich ein wunderschönes Bild von sich machen. Aber ihr jetziges Spiegelbild hielt dem Gedankenbild nicht stand. Ich sehe wirklich miserabel aus, dachte sie.

Und der nächste Gedanke war: Das muß anders werden. Sie setzte ihren Vorsatz auch gleich in die Tat um.

Unter der Dusche bekam sie das Gefühl, mit dem Wasser auch alles von sich abzuwaschen, was belastend und häßlich war. Sie kam regelrecht in Hochstimmung. Dann cremte sie sich sorgfältig die Haut und fönte ihr Haar. So viel Zeit hatte sie lange nicht für sich verwendet. Sie fühlte sich schon viel besser.

Als ihr Haar trocken war, flocht sie die zwei dünnen Zöpfchen am Haaransatz und ließ das übrige Haar über den Rücken fallen. Nach langer Zeit kam sie sich wieder einmal akzeptabel vor. Beim Aufräumen fand sie im Schrank auch den Rock und den Pulli. Beides hatte sie an dem Abend in der Disco getragen. Damals hatte sie sich geschworen, beide Kleidungsstücke nie mehr anzuziehen. Jetzt hängte sie den zerknitterten Rock auf den Bügel, den Pulli legte sie in den Wäschekorb.

„Nanu?" Fannys Mutter wunderte sich über das völlig neue Aussehen ihrer Tochter. Mit dem Lippenstift ihrer Mutter hatte sie sich etwas Rot auf die Wangen getupft, die Augenbrauen mit einem grauen Stift ein bißchen korrigiert und Lidschatten aufgetragen.

„Die anderen in der Klasse schminken sich schon lange", sagte Fanny. Sie war verlegen, weil man ihre Verschönerungskünste gleich bemerkte. „Ist das zuviel?" wollte sie wissen.

Helga Melchert war froh über Fannys Bemühungen um ein schönes Aussehen. Vielleicht wurde nun doch alles ganz normal. Fanny schien sich endlich gefangen zu haben. Aber sie ließ sich nichts anmerken. „Gut", sagte sie nur. „Der graue Stift paßt zu deinen Augen. Schwarz wäre zu hart."

Nach einer Weile sagte sie: „Rico ist krank. Er hat die Röteln. Doris dreht bald durch, weil sie einen Terminauftrag hat."

„Fahr doch hin."

„Und ihr hier? Wer soll sich denn um dich und Papa kümmern?"

Fanny lachte. Sie erschrak fast, als sie ihr Lachen hörte. Es klang unbeschwert und lustig – wie früher. Auch ihre Mutter schien das zu bemerken. „Als ob wir beide immer bemuttert werden müssen. Wir kommen ganz gut mal allein zurecht. Fahr hin, Mami, am besten noch heute."

„Ich weiß nicht recht..." Helga Melchert war unschlüssig. „Da muß ich erst mal mit Papa drüber reden."

„Ruf ihn an, sonst ist der Steppke wieder gesund, bevor du dich auf die Socken machst."

Komisch, dachte Fanny. Irgendwann ist mir der zweite Mensch in mir abhanden gekommen. Seit gestern habe ich gar nicht mehr an den Kleinert gedacht, nur an Ulrich.

Sie riß von ihrem Zeichenblock einen Bogen, dann nahm sie einen dicken Filzstift und schrieb mit großen Druckbuchstaben:

Haß macht kaputt – ich will wieder Fanny werden – ich werde um Ulrich kämpfen!

Den Bogen klebte sie mit Klebestreifen an die Wand über ihren Schreibtisch. Sie schüttelte über sich selbst den Kopf, als sie merkte, daß sie die Großbuchstaben genauso geschrieben hatte, wie Ulrich sie schrieb. Total verknallt, dachte sie. Und der Dussel schiebt Dagmars Tasche auf seinem Rad heim!

25

Fannys Mutter war noch am selben Abend mit der letzten Maschine nach Berlin geflogen. Der Steppke schlief schon, als sie ankam. Doris arbeitete noch. Sie sah abgespannt aus, nervös.

„Mach Schluß für heute“, sagte Helga Melchert. „Wenn ich mich um Rico kümmere und dir die Kocherei und das Einkaufen abnehme, schaffst du das spielend.“

„Solche Pannen sind nicht eingeplant.“ Doris seufzte. „Wenn ich nicht pünktlich abliefere, kriege ich nächstens keinen Auftrag mehr. Da warten schon zehn andere darauf.“

„Du machst es dir nicht leicht“, sagte ihre Mutter.

„Meinst du jetzt Ludwig?“ Doris reagierte empfindlich auf die Feststellung ihrer Mutter. „Das ist schließlich meine freie Entscheidung gewesen.“

Helga Melchert wollte keine Auseinandersetzung. Aber das Gespräch war wohl unvermeidlich geworden. Nur der Zeitpunkt war schlecht. Doris war überarbeitet, müde. „Ich will dir nicht in dein Leben hineinreden, Doris. Es ist deine Entscheidung, wie du lebst. Ich habe das akzeptiert. Nur…"

„Nur?" Das klang aggressiv.

„Bei Fanny war es ein großer Fehler, daß wir nicht darüber gesprochen haben. Da haben Papa und ich als Eltern versagt."

„Ja", sagte Doris. Nur das eine Wort. Ja.

Helga Melchert schluckte schwer daran. „Ich will nicht wieder Fehler machen, verstehst du. Also, wenn du meine Hilfe brauchst, dann sage es mir."

Doris holte eine Flasche Wein und zwei Gläser. Dann löschte sie das Deckenlicht. Nur die Stehlampe war eingeschaltet. „Ich glaube, Mama, du brauchst auch ab und zu mal einen, mit dem du reden kannst."

„Ich habe Papa, mit dem kann ich alles besprechen." Es klang eher ablehnend, und das spürte Helga Melchert wohl auch. „Du hast recht", schränkte sie ein, „ich brauche auch manchmal jemanden…"

Sie dachte an den Tag, als sie Fanny suchten. „Du bist schuld, wenn dem Kind was passiert ist", hatte ihr Mann gesagt.

„Dein Vater war außer sich damals, daß ich Fanny oft allein in den Wald gelassen habe. Sie war so ähnlich wie der Steppke, immer hatte sie neue Ideen, jeder Baumstumpf konnte plötzlich zum Thron einer Prinzessin werden…"

„Ich erinnere mich noch daran", sagte Doris. „Papa

schrie dich an, das hatte er noch nie getan. Du hast telefoniert, dich immer verwählt, weil deine Hand so gezittert hat."

Ja, und dann war ihr Mann mit den Polizisten auf die Suche gegangen, und sie hatte vor dem Telefon gesessen und gewartet. Stundenlang. Das war das schlimmste gewesen. In diesen Stunden hatte sie sich geschworen, über ihre Kinder zu wachen.

„Wußtest du, daß ich damals eine Fehlgeburt hatte?" fragte sie.

Doris schüttelte den Kopf. „Ihr habt mir doch erzählt, daß du die ganze Zeit bei Fanny gesessen hast. Ich durfte ja nicht zu ihr."

Damals lag Fanny auf der Intensivstation, mit einem Schock und einem geschundenen Körper. Von der Fehlgeburt ihrer Mutter nahm keiner sonderlich Notiz. Sie lag nur drei Tage, dann saß sie wieder an Fannys Bett. Nie wieder ein Kind, schwor sie sich.

„Was hat Papa dazu gesagt?" wollte Doris wissen.

„Er war richtig krank aus Sorge um Fanny. Da blieb nicht viel für mich übrig. Aber mit der Zeit renkte sich das alles wieder ein. Wir wurden wieder eine normale Familie."

„Ihr habt euch von allen abgekapselt", sagte Doris. „Keine Freunde mehr, keine Besucher. Nur wir vier. Ich durfte plötzlich nicht mehr allein weg. Ich war verliebt damals, und als ihr dahintergekommen seid, war der Teufel los. Ich habe dich manchmal gehaßt, Mama."

Ja, das habe ich gespürt, dachte Helga Melchert. Aber ich war so unsicher geworden, wußte nicht mehr, was richtig und was falsch war.

„Ich hatte auch Angst um deinen Vater", sagte sie. „Der sammelte jeden Schnipsel, der darüber in der Zeitung stand, legte sich mit allen möglichen Leuten an, weil ihm die Strafe für den Kleinert zu niedrig war. Ich war froh, daß er den nicht in die Finger bekam. Ich glaube, er hätte ihn erschlagen."

„Fanny hat die Mappe gehabt", sagte Doris. „Sie hat das alles gelesen. Aber wie sie gerade auf Berlin gekommen ist, bleibt mir heute noch ein Rätsel."

Das konnte Helga Melchert aufklären. Sie hatten damals vorgehabt, weit weg zu ziehen, wo kein Mensch jemals mit Fanny über das alles sprechen könnte. Deshalb die Telefonnummer des Berliner Spediteurs auf einem Zettel in dieser Mappe. „Aber den Plan haben wir aufgegeben, weil es mit der Arbeit für Papa nicht klappte. Und dann kam das günstige Angebot mit dem Haus. Da dachten wir, es sei weit genug entfernt."

„Nur damit habt ihr nicht gerechnet, daß in Fanny noch alles unverarbeitet geblieben ist. Mama, ich denke, man muß viel mehr miteinander reden, alles rauslassen. Allein wird man mit so vielem nicht fertig."

Ja, dachte Helga Melchert, wir haben uns zu sehr auf das verlassen, was uns die Ärztin riet. Sie meinte, ein Kind in diesem Alter könnte das alles vergessen. Nicht mehr daran rühren, die Zeit heilt. „Was sollen wir jetzt tun?“ fragte sie unsicher. „Fanny hat sich regelrecht abgekapselt, wenn ich mit ihr darüber reden wollte.“

„Sie hat den Ulrich“, meinte Doris. „Und der ist schon in Ordnung.“

„Ist mit dem nicht Schluß?“

Doris lachte laut. „Ach, Mama!“

26

Doris war wirklich froh, daß ihre Mutter da war. Sie genoß das Gefühl, sich mal um nichts anderes als ihre Arbeit kümmern zu müssen. Aber sie war auch auf der Hut: Reinreden lasse ich mir nicht. Das ist mein Kind, mein Haushalt, mein Leben.

Trotzdem lauschte sie vergnügt dem Geplänkel der beiden aus dem Zimmer des Kleinen. So viel Geduld brachte sie nie auf. Es war vielleicht ganz gut für den Steppke, wenn er jemanden hatte, der nur für ihn da war. Wenigstens ab und zu.

Sie zog die Tür zu, weil sie mit Fanny telefonieren wollte. „Ist alles klar, Kleine?"

„Seit wann sagst du Kleine zu mir?" Fanny reagierte, wie Doris gehofft hatte.

„Ich wollte nur wissen, ob du dich wehrst oder in Weltschmerz zerfließt."

„Ich wehre mich", sagte Fanny. „Und wie! Ich laß mir doch von der Dagi nicht den Ulrich wegschnappen."

Aha, dachte Doris. So läuft das. „Kommt ihr zurecht, der Papa und du? Mit dem Essen und so weiter?"

Fanny lachte, und das beruhigte Doris. „Klar, einen Tag gibt's Rührei, am nächsten Tag Spiegelei. Wenn Mami nach Hause kommt, sieht sie nur Eierschalen."

Ich mache mir Sorgen wie eine Glucke, schalt sich Doris, als sie das Gespräch längst beendet hatte. Es wird Zeit, daß ich mal wieder an mich denke. Während sie zeichnete, spulten sich ihre Gedanken zurück. Ja, sie konnte sich noch an jede Einzelheit erinnern. Damals war sie ungefähr so alt gewesen wie Fanny jetzt, hatte einen festen Freund. Micha war ihre erste große Liebe. Und bisher ihre einzige. Als das mit Fanny passierte, wurde alles anders. Die Mutter verbot ihr jeglichen Umgang mit Jungen.

Damals habe ich sie gehaßt, dachte Doris, sie hysterisch genannt. Als Micha mich einmal nach Hause brachte und mich vor der Haustür küßte, hat sie ihn davongejagt wie einen Verbrecher. Er ist nie mehr mit mir nach Hause gekommen. Wir trafen uns seltener, ich hatte Angst, erwischt zu werden. Und dann zogen wir weg.

Zu Hause drehte sich alles um Fanny. In dieser Zeit war sie ungerecht zu ihrer kleinen Schwester geworden, eifersüchtig, den Eltern gegenüber aggressiv.

Wann hatte sich das geändert? Doris konnte sich nicht mehr daran erinnern. Fanny hat das sicher gar nicht so empfunden, dachte sie. Sie wußte ja nicht, welche häßlichen Gedanken in mir waren. Für sie war ich

Doris, die für alles einen Rat wußte. Dabei wußte ich für mich selbst meistens keinen.

Ludwig – der war so sicher. Er hat mich sehr gern gehabt. Aber bei mir reichte es nicht. Ich dachte immer, alles müßte so himmelhochjauchzend sein wie mit Micha.

Doris hatte noch nie mit jemandem darüber gesprochen. Jetzt nahm sie sich vor, später einmal ihrer Schwester davon zu erzählen. Ob Fannys erste Liebe hielt? Wer wollte das schon vorhersagen. Aber jeder muß so eine erste Liebe haben, dachte Doris. Ob sie nun gut ausgeht oder nicht.

Sie mußte an Ricos Blume denken, um die er zwei Sommerwochen lang einen Zaun gebaut hatte. „Damit ihr nichts passiert!"

Irgendwie war das auch eine Liebe gewesen, und der Abschied war traurig. Zum Trost hatte er eine Tüte mit winzigen Samenkörnchen mitbekommen. Doris nahm sich vor, den Steppke daran zu erinnern. Im nächsten Sommer konnte er mit den Pflanzen einen ganzen Blumenkasten füllen.

„Hast du mit Fanny telefoniert?" fragte Helga Melchert, als sie abends noch beisammen saßen.

„Ja. Sie versorgt Papa mit Rührei und er sie mit Spiegelei."

„Und sonst?"

„Sie platzt vor Eifersucht."

„Das ist gut. Da denkt sie wenigstens nicht immer an diesen – Menschen."

27

Nein, Fanny dachte in diesen Tagen überhaupt nicht an Jürgen Kleinert. Nicht einmal in ihren Träumen war er.

Dafür dachte Jürgen Kleinert um so mehr an sie. „Das holt mich immer wieder ein", sagte er zu seiner Frau. „Es läßt sich nicht vergessen."

„Der Junge hat das alles wieder in dir aufgewühlt", beschwichtigte ihn Gudrun. „Du hättest dich gar nicht auf das Gespräch einlassen sollen."

„Du hast ja recht", sagte er, weil er nicht weiter darüber reden wollte. Gudrun wollte ihn trösten. Sie liebte ihn. Und doch stand immer das zwischen ihnen, was damals passiert war. Er dachte an seinen Prozeß.

Von Komplexen war in den Gutachten die Rede gewesen und von zeitweiliger Unzurechnungsfähigkeit. Das alles klang nach Entschuldigung. Und er griff zu gerne nach diesem Strohhalm. Er war damals froh gewesen, daß das Kind noch lebte. Wenigstens nicht diese Schuld. Und sicher würde sie es vergessen.

Aber sie hatte nichts vergessen. Und jetzt kam das alles wieder auf ihn zu. Hatte er ein Recht, so weiterzuleben wie bisher? Sich Hoffnungen zu machen auf eine Familie mit Kindern? Unzurechnungsfähigkeit... Wenn es nun noch einmal passierte?

Noch nicht mal dreißig war er. Aber er fühlte sich alt und verbraucht. Nein, dachte er. Das kann ich Gudrun nicht antun. Das nicht. Wir werden keine Kinder haben. Ich will es nicht, auch wenn ich dem Jungen, diesem Ulrich, davon erzählt habe. Ich weiß schon lange, daß ich das nicht ertragen würde.

Am liebsten wäre er vor allem davongelaufen. Noch einmal irgendwo neu anfangen, wo ihn keiner kannte, wo er weder Mitleid noch Verachtung ertragen mußte. Das hier, das war für ihn eine lebenslange Strafe.

Ich werde Teig kneten bis an mein Lebensende, dachte Jürgen Kleinert. Tanzer wird die Bäckerei erst übergeben, wenn er abtreten muß. Noch ist er ein gesunder Mann in den besten Jahren. Davonlaufen? Wohin denn? Er kam sich vor wie sein Dobermann. Ein Hund, den man dressiert hat und dem man bestimmte Freiheiten ließ, weil man wußte, wie fest man ihn im Griff hatte.

Davonlaufen. Noch mal von vorn anfangen. Nicht mehr in der Backstube stehen müssen. Der Geruch von Sauerteig war ihm zuwider, noch mehr aber die herablassende Freundlichkeit, mit der sein Schwiegervater ihm Anweisungen erteilte.

Einmal werde ich fortgehen, dachte Jürgen Kleinert. Irgendwann wird das alles für mich unerträglich sein. Aber er hatte Angst davor. Er war sich seiner nicht sicher.

Der Junge, der Ulrich, hatte ihn gefragt, ob er sich oft prügele. Nein, hatte er gesagt. Aber das war nur die halbe Wahrheit. In seinen Gedanken wehrte er sich gegen alles – auch mit Gewalt. Einmal werde ich fortgehen, dachte er.

28

Fanny schrieb einen Brief. An Ulrich.

„Den Brief kriegst du nicht zu lesen, deshalb kann ich mir alles vom Herzen schreiben. Vielleicht spürst du jetzt, wie sehr ich an dich denke. Ach, ich möchte dir von Antonio erzählen. Ich habe ihn gebraucht, damals in Rodeneck. Ohne ihn hätte ich die zwei Wochen nicht überstanden. Vielleicht wäre alles anders gekommen, wenn wir nicht gleich in den Urlaub gefahren wären. Da hätten wir miteinander reden können. Der eine Tag dazwischen, das war zuwenig.

Antonio konnte ich einfach alles erzählen, weil ich ihn nur gern hatte. Aber dich liebe ich.

Inzwischen habe ich viel nachgedacht. Ich habe auch viel gelesen, Psychologie und so. Es wäre besser gewesen, man hätte mich nicht so unvorbereitet in alles hineinschlittern lassen. Es war ein Schock, als die Erinnerung kam. Ich habe mich hineingesteigert in den Gedanken nach Rache. Aber du hast recht, damit wird nichts wieder gut.

Ich brauche einfach noch Zeit, Ulrich. Vielleicht viel Zeit. Aber jetzt fühle ich mich so alleingelassen von dir. Ich wünsche mir sehr, wir könnten wieder über alles miteinander reden. Nicht über *das*. Nein, einfach über alles, was so in unserem Alltag geschieht. Das vermisse ich sehr. Dich vermisse ich sehr.

Deine Musik spiele ich oft. Ich stelle mir dann vor, wie du am Klavier sitzt und spielst, die Brille hast du abgenommen, du brauchst ja nicht auf die Tasten zu schauen und auch nicht auf ein Notenblatt. Das hast du mir mal erzählt.

Aber ich habe dich noch nie an einem Klavier sitzen sehen. Stell dir das mal vor! So vieles habe ich mit dir noch nicht erlebt. Das möchte ich nachholen. Ich wünsche es mir sehr.

Dagi – der Teufel soll sie holen – erzählte mir, daß du deinen Drucker gekauft hast. Nun wirst du nicht mehr so viel Zeit für deine Musik haben. Wie du mit dem Computer umgehst, kann ich mir auch vorstellen – ich denke, das macht dir viel Spaß.

Nun muß ich wieder hexen, Ulrich.

Du lachst? Damals im Schwimmbad, das hat ja auch geklappt. Ich hexe einfach meine Eifersucht weg. Du und Dagi – das kann doch nicht sein! Irgendwann werden meine Gedanken bei dir ankommen. Ich weiß das. Bestimmt.

Man müßte noch einmal von vorn anfangen können. Da würde ich manches anders machen, und ich denke –

du, meine Mutter, Doris auch. Aber das geht nun mal nicht. Schade.

Ich werde also hexen, daß ich an dir ein Zeichen entdecke, wenn du mich noch liebst. *Ein Zeichen*, Ulrich! Hörst du? Morgen!

29

Mit allen Möglichkeiten hatte Fanny gerechnet, damit nicht. Als sie am nächsten Mittag mit Dagmar aus der Schule kam, wartete Antonio auf sie.

„Hallo, Stefanie!"

Fanny brachte keinen Ton heraus. Um so lebhafter wurde Dagmar.

„Nanu? Wen haben wir denn da?"

Antonio machte eine gute Figur auf der schweren Maschine und in seiner schwarzen Lederkluft. Das wußte er auch. Seine Augen blitzten, als er Fannys Überraschung sah.

„Wo kommst du denn her?" Das war erst mal alles, was Fanny dazu sagen konnte. Jeden Augenblick konnte Ulrich aus dem Schulgebäude kommen.

„Das ist Antonio – und das Dagmar", stellte sie schließlich vor. „Antonio aus Südtirol. Ich hab dir von ihm erzählt. Er kann so gut surfen."

Dagmar musterte Antonio. „Nicht schlecht", sagte sie. „Na, dann will ich mal die Kurve kratzen."

Fanny wußte nicht, was sie tun sollte. Auf jeden Fall erst einmal fort von hier. „Kannst mich heimfahren", sagte sie. „Es ist nicht weit."

Als sie zu ihm auf das Motorrad stieg, kam Ulrich. Fanny wäre am liebsten wieder abgestiegen, doch Antonio fuhr schon los. „Erst mal geradeaus", rief sie ihm zu. „Dann dritte Querstraße links rein..."

Sie war froh, als sie vor der Haustür ankamen. Ihr war ganz schlecht. „Und nun?"

Antonio nahm den Sturzhelm ab. „Ich werde bei meinem Cousin arbeiten, in Köln. Im Winter ist nichts los bei uns. Keine Arbeit."

„Ausgerechnet heute mußtest du kommen", sagte Fanny leise.

Antonios Fröhlichkeit verflog. „Schade", sagte er. „Ich hatte mich so auf die Überraschung gefreut."

Fanny wußte nicht, wie sie sich verhalten sollte. „Ich möchte dich jetzt nicht mit reinnehmen, Tonio. Ich bin allein. Meine Mutter ist noch in Berlin."

„Verstehe schon."

Nichts verstehst du, überhaupt nichts, dachte Fanny. Wie konntest du auch wissen, in welche Lage du mich bringst. Ich hexe, daß Ulrich mir ein Zeichen gibt – und du tauchst mit deiner Lederkluft auf und versaust mir alles.

Laut sagte sie nur: „Wenn du Zeit hast, könnten wir heute nachmittag ein Eis essen oder ein Stück wegfahren."

„Wann?" fragte Antonio nur.

„Um drei?"

Sie schaute ihm noch nach, als er wieder losfuhr. Vielleicht ist das gar nicht so schlecht, dachte sie, als sie ins Haus ging. Sie machte sich ihr Mittagessen warm und überlegte, was Ulrich nun davon halten würde. Schlecht sah ja Antonio nicht aus, mit dem konnte man sich sehen lassen. Sogar Dagmar war beeindruckt gewesen. Fanny stellte sich vor den Spiegel in der Diele und musterte ihr Aussehen. Sie war zufrieden mit sich.

In ihre Gedanken hinein klingelte das Telefon. Das ist Ulrich, dachte Fanny. Ihr Herz klopfte bis zum Hals.

Es war nicht Ulrich, sondern Dagmar. „Der ist ja super!"

„Antonio?" Fanny spielte die Gleichgültige. Aber ihr war, als fiele eine Last von ihr ab. Wenn sich Dagmar so schnell für einen Jungen begeisterte, dann konnte die Beziehung zwischen ihr und Ulrich nicht sehr tief sein.

Sie erzählte absichtlich sehr ausführlich, daß Antonio mindestens für das nächste halbe Jahr in Deutschland sein werde.

„Toll!" sagte Dagmar. „Was du immer für Glück hast."

„Du beschwerst dich?" Fanny lachte.

„Bei mir ist es immer nur für kurze Zeit", sagte Dagmar. „Für dich reißen sie sich bald die Beine aus."

Fanny lachte wieder. „Bisher habe ich noch keine Einbeinigen um mich herum gesehen." Und dann sagte sie: „Wenn du Lust hast, ich gehe gegen fünf mit Antonio in die Eisdiele – aber mach's nicht so auffällig."

„Ich komme."

Als Fanny ihr Notizbuch mit den Eintragungen zur Hand nahm, fiel das Polaroidfoto von Kleinert heraus.

Den gibt es ja auch noch, dachte sie. Ihre Freude war wie weggewischt. Da tue ich wieder einmal, als könnte ich das alles in eine Schublade tun, und damit ist es erledigt. Es hat sich ja nichts geändert. Das holt mich immer wieder ein.

Sie schaute auf die Uhr. Es war Zeit für Antonio. Wahrscheinlich mache ich mal wieder alles falsch, dachte sie.

Antonio wartete schon vor dem Haus. Er gab Fanny einen Sturzhelm.

„Wo hast du denn den her?"

„Ein Cousin von mir..." Antonio brach ab. „Ich habe ihn mir an der Tankstelle geborgt."

„So viele Cousins kann man gar nicht haben." Fanny lachte, weil sie ihn durchschaut hatte. Vielleicht stimmte das gar nicht mit Köln.

„Wohin?" fragte Antonio.

„Nach Pettlingen." Fanny setzte sich hinter ihn und hielt sich an ihm fest. Sie hatte sich warm angezogen. Stiefel, Jeans, dicken Pullover und Anorak. Das Haar war zu einem Zopf geflochten. Als sie hinter Antonio vor dem Fahrtwind Schutz suchte, dachte sie: Warum mache ich das nun? Das gibt doch wieder eine Katastrophe. Und der Antonio weiß nicht mal, wohin er mich fährt.

Die dreißig Kilometer hatten sie schnell hinter sich. Antonio parkte seine Maschine fast an der gleichen Stelle, an der Ulrich sein Motorrad abgestellt hatte.

„Ich hab Hunger. Ich hole uns ein Stück Kuchen aus der Bäckerei", sagte Fanny. „Warte hier." Sie legte den Sturzhelm auf den Soziussitz und ließ Antonio gar nicht zu Wort kommen.

Die Bäckerei Tanzer fand sie schnell. Ihr Herz klopfte, als sie den Laden betrat. Eine Frau fragte freundlich nach ihren Wünschen.

Fanny zögerte. „Ich weiß noch nicht genau, Frau... Kleinert."

„Sie kennen mich? Ich habe Sie noch nie in Pettlingen gesehen..."

Fanny schwitzte unter dem dicken Pullover. „Geben Sie mir von dem da – zwei Stück."

Auf die Frage antwortete sie nicht. Ihr wurde schlecht, und sie hielt sich an der Glasvitrine fest, in der Kuchen und Torten ausgestellt waren.

„Entschuldigung", sagte sie.

„Ist Ihnen nicht gut?" fragte die Bäckersfrau.

Fanny nickte nur. Sie setzte sich auf einen Stuhl.

„Jürgen", rief die Bäckersfrau. „Bring mal ein Glas Wasser, einer Kundin ist es schlecht geworden."

Nun wurde es Fanny wirklich schwarz vor Augen. Gleich, dachte sie. Gleich werde ich ihn sehen.

Als sie sich etwas gefangen hatte, beugte sich ein Mann zu ihr herunter und reichte ihr ein Glas Wasser. „Bitte“, sagte er. „Trinken Sie.“

In der ersten Schrecksekunde wollte Fanny die Hand beiseite stoßen, die ihr das Glas mit dem Wasser reichte. Doch da war plötzlich in ihr wieder die andere Fanny, und die spielte eine Rolle: „Danke, sehr freundlich.“

Das Gesicht kam näher. Wie in einer Blitzlichtaufnahme registrierte Fanny Einzelheiten: Helle Haut, glasklare Augen. Über der rechten Augenbraue der Leberfleck. Breiter Mund, feiste Wangen. Und die Hände groß, kräftig.

Sie nahm das Glas, trank einen Schluck Wasser. Noch einen. Der Mann, der Jürgen Kleinert hieß, stand vor ihr. Über ihr.

Wie lange das alles dauerte, konnte Fanny nicht sagen. Vielleicht nur Sekunden, vielleicht Minuten. Ihr kam es wie Stunden vor. Jetzt muß ich was tun! dachte sie. Warum sitze ich da und trinke Wasser? Sie kam sich wie gelähmt vor. Über ihr das Gesicht. Jede Einzelheit prägte sie sich ein.

„Geht es Ihnen wieder besser?“ fragte Kleinert. „Oder soll ich einen Arzt rufen?“

In diesem Augenblick klopfte Antonio von außen an die Schaufensterscheibe. Es war, als ob das Klopfen ihre Starre löste. Sie reichte das noch halbvolle Glas zurück. „Danke. Mir geht es jetzt besser.“ Sie erhob sich und hatte das Gefühl der Unwirklichkeit, als sie auf den Ladentisch zuging und den Kuchen bezahlte. Jürgen Kleinert verschwand wieder in der Ladenstube.

Fanny nahm den Kuchen und wandte sich zur Tür.

„Ist das Ihr Freund?“ wollte Frau Kleinert wissen. Sie sah Antonio draußen vor dem Laden warten.

„Ja“, sagte Fanny.

„Sie sehen nämlich wirklich ganz blaß aus. Ich möchte Sie so nicht allein lassen...“

„Danke, es geht schon wieder. Guten Tag.“

Als Fanny die Ladentür hinter sich zuzog, holte sie erst einmal tief Luft. Sie taumelte Antonio entgegen.

„Fanny!“ Antonio erschrak, als er sie sah. „Was ist los? Was war mit dir in diesem Laden?“

„Komm erst mal weg!“ Fanny zog ihn die Straße entlang. Sie wollte weg aus diesem Ort, nur schnell weg.

„Halte dich aber gut fest“, sagte Antonio. Er wäre lieber nicht gleich losgefahren.

Als sie einige Kilometer hinter sich hatten, hielt Antonio an einer Stelle, die wohl an Wochenenden als Parkplatz diente. Jetzt war kein Mensch weit und breit zu sehen. „Essen wir erst mal deinen Kuchen“, sagte er.

Fanny schwieg. Sie wickelte aber den Kuchen aus und legte ihn auf das Papier, das sie über den Steintisch breitete.

Antonio nahm ihr den Sturzhelm ab. „Und nun sag, was ist los?“

„Das war er. Der, von dem ich dir erzählt habe.“

Antonio schwieg. „Warum mußte ich das sein?“

fragte er schließlich. „Konnte dich nicht ein anderer dahin fahren?“

„Du bist ein guter Freund, Tonio.“

„Ein Lückenbüßer. Ich weiß schon. Und wenn ich nicht gekommen wäre? Was dann? Wer wäre mit dir dahin gefahren?“

Das wußte Fanny nicht. Sie wußte nur, daß ihre Angst jetzt ein Gesicht bekommen hatte. Und plötzlich bat sie ihn: „Küsse mich, Tonio.“

Antonio rührte sich nicht von der Stelle. Er schaute sie nur an.

„Bitte.“

Ich muß das jetzt wissen, dachte Fanny. Ob die Angst besiegbar ist, muß ich wissen. Jetzt, wo ich *sein* Gesicht kenne, seine Hände gesehen habe...

Antonios Gesicht blieb Antonios Gesicht. Es verzerrte sich nicht zu dem Bild, das sie in ihren Träumen verfolgte. Antonio küßte sie behutsam und zärtlich. „Das war wohl so was wie ein Abschied, ja?“ fragte er.

Fanny lächelte. Sie mußte sich dazu zwingen, weil ihr gar nicht danach zumute war. „Ja“, sagte sie. „Und ein Dankeschön war es auch.“

Später in der Eisdiele gelang es ihr sogar, wieder fröhlich zu sein. Wenigstens für Dagmar und Antonio sah es so aus. Dagmar flirtete mit Antonio, was das Zeug hielt. Fanny amüsierte sich darüber. „Seid ihr mir böse, wenn ich jetzt verschwinde?“ fragte sie. Ihren Abschied von Antonio hatte sie ja schon hinter sich.

30

Abends gab sie ihrem Vater das Polaroidfoto zurück. „Ich brauche es nicht mehr."

Ihr Vater hatte das Foto vermißt, aber nichts gesagt. „Ich habe es gemacht, als er schon wieder frei war", erklärte er. „Das ist nun auch schon einige Jahre her..."

Ich habe ihn verfolgt damals, wollte er sagen. So wie du jetzt. Aber er brachte es nicht über die Lippen.

„Mama kommt morgen zurück", sagte er, um überhaupt etwas zu sagen. „Und sie bringt den Steppke mit, damit er sich noch ein bißchen erholen kann."

„Prima!" Fanny spielte wieder ihre Rolle.

Sie zuckte zusammen, als das Telefon klingelte. Vielleicht hatte Kleinert doch etwas bemerkt? Oder es war Ulrich...

Ich werde ihm alles erklären nahm sie sich vor. Wenn er sich überhaupt etwas erklären läßt.

Aber es war Dagmar. Die mußte ihre Geschichte loswerden. „Der Antonio ist einsame Spitze", schwärmte sie. „Ich liebe so was, ein bißchen Macho und ein bißchen Traurigkeit."

„Ist er traurig?"

„Der überlebt's!" Dagmar lachte. „Wenn du nichts dagegen hast, den übernehme ich – zum Trösten."

...Ich habe ihn gesehen, den Kleinert. Diesmal ist es der richtige. Er hat es nicht mal bemerkt, daß ich *das bin. Alles war ganz anders, als ich es mir immer ausgemalt habe. Aber nun hat meine Angst ein Gesicht, eine Gestalt – sie ist nicht mehr so anonym...*

Fanny löschte das Licht und legte sich auf ihr Bett. Sie war noch angezogen. Den Recorder mit Ulrichs Musik legte sie auf ihr Kopfkissen. Wenn es schlimm wird, dachte sie, werde ich auf den Knopf drücken, und dann wird mich Ulrichs Musik zurückholen.

Sie zwang sich, die Bilder festzuhalten:

Sommertag. Brombeerhecke, schwarze süße Früchte zwischen grünen Blättern, die Eidechse auf dem Weg...

Bild für Bild rief sie aus ihrem Gedächtnis ab. Auch die schlimmen Szenen, tief im Wald, als sie nackt vor dem Jungen auf dem Boden lag.

Es war sein Gesicht. Schmal noch, verzerrt durch Angst und Wut. Es war das Gesicht, das sie heute gesehen hatte.

Ich kann jederzeit damit aufhören, dachte Fanny erleichtert. Ich brauche nur das Licht anzuschalten oder Ulrichs Musik zu hören, und das alles ist weg.

Sie dachte auch an Antonio. Ich hatte keine Angst, als er mich küßte. Ulrich wird verstehen, daß ich das ausprobieren mußte. Ulrich – der war weit weg. Fast unerreichbar für sie, obwohl sie ihn jeden Tag sehen konnte. Er tat, als sei sie Luft für ihn. „Werde wieder so, wie du einmal warst…"

Nein, Ulrich, dachte sie. So werde ich nie wieder sein.

Fanny knipste die Lampe an ihrem Bett an, dann stand sie auf und ging ins Bad. Vor dem Spiegel musterte sie ihr Gesicht: Habe ich mich verändert?

Als sie am nächsten Tag aus der Schule nach Hause kam, war die Mutter schon da. Rico riß sie bald um, so freute er sich über das Wiedersehen. Er zog sie zu einem Kästchen aus durchsichtigem Plastik, in dem winzige Blumentöpfchen standen: „Da sind meine Zauberkörner drin. Und die brauchen keinen Zaun, nur Wasser, damit sie wachsen."

„Aber schwimmen wollen die auch nicht", warnte Fanny.

Dann bezeichnete der Steppke die kleinen Blumentöpfen mit Namen: Für den Opa, für die Mami, für die Omi, für die andere Oma…"

„Und welches Töpfchen ist für mich?"

Rico ließ sich nicht aus der Ruhe bringen. „Na, das da! Das in der Ecke." Er klappte den Deckel der Anzuchtbox wieder zu. „Damit sie sich nicht erkälten."

Fanny setzte sich zu ihrer Mutter in die Küche. „Wie war's denn bei Doris?"

Helga Melchert schaute Fanny forschend an. War alles in Ordnung? Aber sie fragte nichts.

„Doris hat einen großen Auftrag. Den ersten wirklich großen Auftrag. Ich bin stolz auf sie."

„Und warum ist der Rico mit hier?" wollte Fanny wissen. „Sie trennt sich doch so ungern von ihm."

„Ich habe sie darum gebeten", antwortete die Mutter. „Weil ich ihr damit im Moment wirklich helfen kann. Sobald sie mit ihrer Arbeit fertig ist, holt sie ihn wieder."

Prima, wollte Fanny sagen. Da sehen wir uns jetzt ja sicher öfters, denn das wird nicht der einzige große Auftrag bleiben.

Sie beobachtete ihre Mutter unauffällig. Irgendwie kam sie ihr aktiver vor, unverkrampfter auch.

Der Steppke tobte durch das Haus. „Na, das kann ja heiter werden", sagte Fanny. „An mich und meine Schularbeiten denkt wohl hier keiner!"

31

Auch in den kommenden Tagen bekam Fanny Ulrich nur von weitem zu sehen. Es war kühl geworden, die meisten blieben während der Pause drin, die Schule hatte einen großen Pausenraum und eine Bibliothek, die man durch einen Durchgang erreichen konnte.

Ich muß wieder hexen, dachte Fanny. Ich kann das doch! Ein Zeichen, daß er noch an mich denkt.

Aber soviel sie sich das auch wünschte und in telepathischen Befehlen formulierte, es änderte sich nichts.

Manchmal rief sie bei ihm an. Wenn sie seine Stimme hörte, legte sie den Hörer wieder auf.

Für ihn bin ich einfach Luft! dachte sie. Nicht mal das. Luft braucht man zum Atmen. Mich braucht er nicht.

Sie machte sich schön. Jetzt dauerte es morgens mindestens zwanzig Minuten länger, bevor sie aus dem Bad kam. Und jeder Tag, der verging, ohne daß sich etwas verändert hatte, war für sie ein verlorener Tag.

... Ich habe mich doch geändert! schrieb Fanny in ihr Notizbuch. Trotzig fügte sie hinzu: *Was verlangst du denn noch?*

Einmal kam er in die Bibliothek. Sie stand hinter einem Regal, er bemerkte sie nicht. Ein Computerbuch holte er sich. Das hatte er bestellt. Er trug einen Pullover, den sie nicht kannte.

Einfach hingehen, nahm sich Fanny vor. Einfach hingehen und sagen: Hallo, wie geht's dir denn so.

Aber sie konnte sich nicht von der Stelle bewegen. Ulrich ging aus dem Bibliotheksraum, ohne sie überhaupt gesehen zu haben.

Nimm mich endlich wieder zur Kenntnis! hexte Fanny. Hörst du, du kannst doch nicht einfach so tun, als sei ich überhaupt nicht vorhanden!

In der nächsten Pause sah sie ihn im Gang stehen. Und da war das so dringend gewünschte Zeichen: Ulrich trug ihr T-Shirt, das dunkelblaue mit den zarten weißen Streifen und der Aufschrift „Dreams". Den Pullover hatte er über die Schultern gehängt.

Nach Unterrichtsschluß wartete sie am Fahrradständer auf ihn. Sein Fahrrad war noch da. Sie kannte es genau. Es war die letzte Unterrichtsstunde gewesen, also mußte er jetzt kommen.

„Grüß dich, Ulrich!" sagte sie.

Ulrich nahm sein Rad vom Fahrradständer, öffnete das Schloß.

„Hallo, Fanny." Nichts weiter.

„Jetzt kann man nachmittags nicht mehr im Schwimmbad sein“, sagte Fanny. Ihre Stimme klang ganz dünn.

„Nein.“

Sie wußte nicht mehr weiter. Ulrich kam ihr aber auch gar keinen Schritt entgegen. Nur nicht heulen, dachte sie. Das fehlte gerade noch.

Ulrich hängte seine Tasche an den Lenker. Gleich wird er davonfahren, dachte Fanny. Was mache ich dann?

„Du fehlst mir sehr“, sagte sie. „Ich brauche jemanden, der mit mir nachdenkt.“

„Nur dazu?“ fragte Ulrich. Er nahm ihre Büchertasche und klemmte sie auf seinen Gepäckträger. „Das ist auf die Dauer ein bißchen wenig“, sagte er. „Und das meine ich ernst, Funny Fanny.“